Freiberufler werden

Tatjana Müller
Freiberufler werden

Selbstständig machen mit Mut, Muße und dem richtigen Mindset

Tatjana Müller
Frankfurt am Main, Deutschland

ISBN 978-3-658-41077-3   ISBN 978-3-658-41078-0   (eBook)
https://doi.org/10.1007/978-3-658-41078-0

Die Deutsche Nationalbibliothek verzeichnet diese Publikation in der Deutschen Nationalbibliografie; detaillierte bibliografische Daten sind im Internet über http://dnb.d-nb.de abrufbar.

© Der/die Herausgeber bzw. der/die Autor(en), exklusiv lizenziert an Springer Fachmedien Wiesbaden GmbH, ein Teil von Springer Nature 2023
Das Werk einschließlich aller seiner Teile ist urheberrechtlich geschützt. Jede Verwertung, die nicht ausdrücklich vom Urheberrechtsgesetz zugelassen ist, bedarf der vorherigen Zustimmung des Verlags. Das gilt insbesondere für Vervielfältigungen, Bearbeitungen, Übersetzungen, Mikroverfilmungen und die Einspeicherung und Verarbeitung in elektronischen Systemen.
Die Wiedergabe von allgemein beschreibenden Bezeichnungen, Marken, Unternehmensnamen etc. in diesem Werk bedeutet nicht, dass diese frei durch jedermann benutzt werden dürfen. Die Berechtigung zur Benutzung unterliegt, auch ohne gesonderten Hinweis hierzu, den Regeln des Markenrechts. Die Rechte des jeweiligen Zeicheninhabers sind zu beachten.
Der Verlag, die Autoren und die Herausgeber gehen davon aus, dass die Angaben und Informationen in diesem Werk zum Zeitpunkt der Veröffentlichung vollständig und korrekt sind. Weder der Verlag, noch die Autoren oder die Herausgeber übernehmen, ausdrücklich oder implizit, Gewähr für den Inhalt des Werkes, etwaige Fehler oder Äußerungen. Der Verlag bleibt im Hinblick auf geografische Zuordnungen und Gebietsbezeichnungen in veröffentlichten Karten und Institutionsadressen neutral.

Einbandabbildung: Marina/stock.adobe.com

Planung/Lektorat: Angela Meffert
Springer ist ein Imprint der eingetragenen Gesellschaft Springer Fachmedien Wiesbaden GmbH und ist ein Teil von Springer Nature.
Die Anschrift der Gesellschaft ist: Abraham-Lincoln-Str. 46, 65189 Wiesbaden, Germany

Vorwort

Glückwunsch zum Absprung!
Diese Worte hörte ich, eine Woche nachdem ich meinen festen Texter-Job in einer Kommunikationsagentur gekündigt habe. Lange hatte ich überlegt, diesen Schritt zu gehen, und viele Gespräche, Gedanken und Pro-Contra-Listen gingen ins Land, bevor ich mich entschloss, zukünftig freiberuflich als Texterin zu arbeiten – und sozusagen abzuspringen. Aus dem festen Job. Dem bewährten System. Aus der Sicherheit. Klingt dramatisch, stellte für mich aber zu diesem Zeitpunkt das bis dato größte (berufliche) Abenteuer dar, das ich mir vorstellen konnte. Und es fühlte sich befreiend und angsteinflößend zugleich an. Doch es war der richtige Schritt – den ich übrigens nie bereut habe.

Im Sommer 2016 dachte ich zum ersten Mal an die Idee der Selbstständigkeit. Ein Freund hatte sich vor Kurzem als Social-Media-Berater selbstständig gemacht und reiste nur mit Laptop und Rucksack ausgerüstet um die Welt – denn arbeiten konnte er mit seinem digitalen Business schließlich überall. Dieser Lebensstil und die Möglichkeit, viel zu reisen, faszinierten mich. Wäre das auch etwas für mich? Könnte ich auch von überall arbeiten und meinen Lebensunterhalt als Freiberuflerin verdienen? Bei meiner Recherche merkte ich schnell, dass es nicht darum ging, ob ich das rein faktisch „konnte" – denn dies haben schon zahlreiche Digitalnomaden bewiesen. Ich musste mir eher die Frage beantworten, ob ich das überhaupt wollte und mir zutraute. Und mit dieser Entscheidung ließ ich mir Zeit.

Bringe ich das Organisationstalent und die Selbstdisziplin mit, um das durchziehen zu können? Was sind meine Risiken? Habe ich Sicherheiten? Bin ich überhaupt bereit dafür? Will ich das? Neben Abwägungen, die meine Ziele, Wünsche, Finanzen und Bürokratien umfassten, stellte ich mir vor allem die Frage, ob ich mutig genug dafür bin. Andere mögen wichtige und lebensverändernde Entscheidungen schneller treffen und einfach springen, doch ich brauchte meine Zeit. Schon als Kind stürzten sich andere im Schwimmbad direkt kopfüber ins Wasser, während ich noch am Beckenrand stand und überlegte, ob mir dieser Sprung ins kalte Nass denn wirklich zusagt. Diese zögerliche Charaktereigenschaft kann je nach Situation Vorteil und Nachteil zugleich sein. Für meine Selbstständigkeit jedoch war meine Kopflastigkeit tatsächlich immer ein Vorteil – vor allem am Anfang.

Es gab genau zwei Momente, die mir dann im Sommer 2017 den letzten Push gaben, um zu kündigen. Ich wusste tief im Inneren, dass ich als Freiberuflerin durchstarten wollte. Doch es fehlte noch die Überwindung der letzten Zweifel, um das Abenteuer Selbstständigkeit wirklich zu beginnen. Und dabei halfen mir sowohl mein Vater als auch meine Freundin Nicole aus London, die ihre ganze Zuversicht in mich und mein Vorhaben mit zwei recht einfachen, aber nachdrücklichen Statements formulierten – und mir letztendlich den notwendigen Schups gaben. Mein Vater, mit dem ich das Thema schon mehr als einmal am Telefon durchgekaut hatte, sagte mir ganz einfach, dass Träume zum Leben da seien und nicht umgekehrt. Natürlich kannte ich dieses Sprichwort schon, jedoch hatte es aus dem Mund meines Vaters – der sonst nie in Zitaten spricht – eine ganz andere Intensität. Und nicht zuletzt erhielt ich meinen finalen Push während eines Spaziergangs durch Cheshunt, einem Vorort von London, in dem meine Freundin Nicole lebt. Ich hatte ihr während eines Englandurlaubs erzählt, was ich beruflich vorhabe, welche Wünsche dabei eine Rolle spielen und welche Zweifel mich noch abhalten. Am Ende hatte sie nur eines zu mir zu sagen: „Just do it. You can do it. And you will be pushed as soon as you do it, because then you have to. And it will be good!" Es waren motivierende und durchweg positive Worte, die ich damals gebraucht habe und die meinen letzten Zweifeln den Garaus machten. Eine Woche später kündigte ich.

Nicole behielt recht: Just in dem Moment, in dem ich meine Kündigung ausgesprochen hatte, fühlte ich mich wie vom Leben angeschoben. Jetzt ging es nur noch mit voller Geschwindigkeit voraus. Und ich glaubte fest daran, dass alles funktionieren würde – weil ich an mich selbst glaubte und alles dafür tat, einen erfolgreichen Start als Freiberuflerin hinzulegen. Ich hatte nach der Kündigung drei Monate Zeit, um zu überlegen, wie und wo ich selbstständig sein wollte. Erst einmal zuhause in Frankfurt? Direkt als digitaler Nomade irgendwo auf der anderen Seite der Welt? Oder in meinem zweiten (selbsterklärten) Heimatland England? Optionen hatte ich viele. Und ich entschied mich, als Semi-Digitalnomade meine Selbstständigkeit aufzubauen – mit Frankfurt als Basis und vielen Reisen dazwischen.

Wie gestalteten sich nun meine Anfänge als Freiberuflerin? Welche Hindernisse oder Schwierigkeiten hatte ich? Welche Schritte musste ich gehen? Wie ging es mir dabei? Welche Gedanken beschäftigten mich? Und welche Höhen und Tiefen habe ich in über drei Jahren als selbstständige Texterin durchlaufen? Dies und mehr soll mein Buch aufzeigen – für alle, die sich für das Thema Selbstständigkeit interessieren, selbst kurz vor dem Absprung stehen oder auch einfach nur einen kleinen Blick auf einen anderen Lebensstil werfen möchten. Dabei möchte ich betonen, dass ich hier natürlich ganz individuelle Erfahrungen beschreibe, die ich aus meiner Perspektive und Situation heraus schildere. Über drei Jahre lang habe ich mein „Freelance Diary" geführt und zeitgleich auf meiner Website Content & Stories über meine Zeit als Freiberuflerin gebloggt. Für dieses Buch habe ich

die wichtigsten Beiträge ausgewählt, sortiert, überarbeitet und durch neue Themen und Abschnitte aus meinem Tagebuch ergänzt – in der Hoffnung, den ein oder anderen ebenfalls inspirieren zu können, seine Träume zu leben und zu springen.
Viel Spaß beim Lesen,

Tatjana Müller

PS: Kleine Anmerkung zum Buch
Obwohl die Kapitel nicht zwangsläufig aufeinander aufbauen oder voneinander abhängig sind, empfehle ich doch, sie nach der Reihe zu lesen. Zudem wird es immer wieder Beispiele aus meinem Leben als Freelance-Texterin geben – vieles lässt sich aber auch auf andere Berufsfelder und Branchen übertragen.

PPS: Kleine Anmerkung zum Gendern
Ich respektiere jedes Geschlecht und die Nutzung gendergerechter Sprache – vor allem im öffentlichen Kontext. Zugunsten der Lesbarkeit habe ich nach reiflicher Überlegung jedoch entschieden, in diesem Buch auf das Gendern zu verzichten. Mit Begriffen wie „Freiberufler" oder „Texter" beziehe ich mich natürlich nicht nur auf das männliche Geschlecht, sondern verwende diese mit dem Gedanken, dass jedes Geschlecht sich hier wiederfinden kann und darf.

Über Anfänge (erster Blogbeitrag vom 7. November 2017)

„Aller Anfang ist schwer." (Johann Wolfgang von Goethe)
„Der Anfang ist die Hälfte des Ganzen." (Aristoteles)
„Wer nur begann, der hat schon halb vollendet." (Horaz)

Diese Liste an Zitaten zum Thema Neubeginn könnte um unzählige weitere ergänzt werden. Neuanfänge sind für viele Menschen wohl Segen, Hoffnung, Zuversicht und Schrecken zugleich. Schließlich sind wir bekanntermaßen Gewohnheitstiere. Wir mögen feste Strukturen und Sicherheit. Und doch suchen wir immer wieder das Neue und Aufregende. In welchem Ausmaß, entscheidet jeder individuell. Auch ich musste mich in den letzten Monaten viel mit dem Thema Neuanfang beschäftigen. Für meine Selbstständigkeit als Texterin beginne ich nämlich mit vielen Dingen wieder bei null. Und sei es, dass ich mich ewig nicht entscheiden konnte, worum sich der erste Beitrag meines Blogs drehen soll. Schließlich fand ich die Antwort sozusagen in der Sache selbst. Fing einfach an. Schrieb drauf los. Und siehe da, so schwer war der Anfang gar nicht.

Ein zentraler Gedanke vorweg: Jeder kleine Erfolg ist zu feiern

„Ich dachte, Sie möchten Erfolg haben, Frau Müller?"

Mit dieser Frage setzte ein potenzieller Kunde im Sommer 2018 in mir einige Gedanken in Gang – nachdem ich seinen dreisten Vorschlag, unentgeltlich für ihn zu arbeiten, höflich, aber bestimmt abgelehnt hatte. Hinter dieser Frage steckte keineswegs ehrliche Sorge oder aufrichtiges Interesse an meinem Werdegang, sondern eher der Versuch, mich mit einem psychologischen Trick unter Druck zu setzen – um mich so doch noch dazu zu bekommen, sein Projekt ohne Rechnungsstellung umzusetzen. Ich hätte am Ende ja schließlich die „Referenz", die mir Verdienst genug sein müsste. Diese Begegnung war zum Glück eine von insgesamt nur drei negativen Erfahrungen, die ich mit einem Kunden machen musste. Aber kommen wir zurück zu meinen Gedanken, die diese Frage in mir auslöste:

Zu diesem Zeitpunkt war ich etwa ein halbes Jahr selbstständig, die ersten (natürlich bezahlenden!) Kunden hatte ich bereits gefunden und ich war stolz, dass mein Freiberuflerleben ins Rollen kam. War das nicht schon Erfolg? Für mich definitiv. Meine Ziele für die folgenden Jahre hatte ich im Herbst 2017 klar formuliert:

1. Ein Leben als freiberufliche Texterin aufbauen
2. Reisen und ortsunabhängig arbeiten
3. Schreibprojekte umsetzen, die mir am Herzen liegen (wie dieses Buch hier zum Beispiel)

Das waren erst einmal sehr grob formulierte Ziele – die sich jedoch aus vielen kleinen Teilzielen zusammensetzten. Diese Ziele machten für mich in den darauffolgenden Jahren aus, was ich unter Erfolg verstand. Denn Erfolg ist meiner Meinung nach nicht ausschließlich das Emporklettern an einer vordefinierten Karriereleiter oder das Anhäufen von Unmengen an Geld, sondern die Tatsache, dass man seine selbst gesteckten Ziele erreicht und dabei glücklich ist – wie auch immer diese Ziele aussehen mögen. Und so, wie sich große Ziele in kleine Teilziele aufspalten, besteht auch der große Erfolg aus vielen Teilerfolgen, die man auf seinem Lebensweg hat. Und meiner Meinung nach gilt es, sie alle zu feiern! Vor allem als Freiberufler, der gerade erst in die Selbstständigkeit gestartet ist. Dies ist eine der Lektionen, die ich ziemlich schnell als Freelance-Texterin gelernt habe.

Wollte ich nun also Erfolg? Natürlich! Aber nach meiner Definition hatte ich diesen schon bzw. war ich fleißig dabei, ihn aufzubauen. Ich war genau da, wo ich sein wollte. Jeder Auftrag, jede Projektanfrage und jede Weiterempfehlung durch Kunden stellten für mich Erfolge dar – selbst wenn daraus am Ende vielleicht gar nichts wurde. Am Ende zählt jeder Schritt zum großen Ziel. Selbst Rückschläge können ein Teil von Erfolg sein. Sie bringen einen zwar nicht auf die anvisierte Abbiegung, aber vielleicht auf eine andere, die letztendlich viel schöner ist und darüber hinaus besser zu einem passt. Der Weg zum Erfolg ist weder einfach noch linear. Und am wenigsten ist er vordefiniert. Jeder entscheidet selbst, was Erfolg bedeutet und wie er dorthin gelangt. Wichtig ist nur, den Weg dahin wahrzunehmen und sich über jede kleine Entwicklung zu freuen! So werden die berühmten Steine, die hier und da im Weg liegen, ganz einfach zu Stationen, an denen man erneut ein Glas auf sich heben kann. Denn dass man an diesem Punkt ist und immer weitergeht, ist schließlich schon Erfolg. Prost!

Inhaltsverzeichnis

Vor der Kündigung: Frage von Sprung und Wagnis	1
Selbstständig sein: Ja oder Nein?	1
Neun wichtige Eigenschaften: Voraussetzungen als Freelancer	4
Fünf gute Gründe: Darum sollte man als Freelancer arbeiten	7
Der Übergang in ein neues Leben: Vorbereitung auf die Selbstständigkeit	11
Ganz oben auf der Liste: Sechs Aufgaben, die Gründer nicht aufschieben sollten	11
Unternehmerschule: Warum ein professionelles Coaching viel wert ist	15
Schriftliche Basis: Existenzgründung mit einem Businessplan	19
Digitaler Auftritt: Warum eine Website gut durchdacht sein sollte	24
Online-Status: Sinn und Zweck von Social Media	28
Kreativ vorausplanen: Warum sich die Mühe für einen Marketingplan lohnt	30
Plädoyer für straffes Zeitmanagement: In der Gründungsphase nicht den Kopf verlieren	32

Mittendrin: Das Leben als Freelancer 35
Mein Tagesablauf als Freelancer: Lerche oder Eule? 35
Durchhalten ist angesagt: Warum Akquise einen langen Atem erfordert 37
Erprobt und erwiesen: Tipps für das erfolgreiche Kundengespräch 40
Freelancer-Mindset: Vier Säulen für gute Kundenbeziehungen 43
Networking: Warum sich Freelancer blicken lassen sollten 45
Praktische Helfer: Diese IT und Tools habe ich als Freiberufler genutzt 47
Stundensatz & Co.: Wie und was verdienen Freelancer? 49
Zahlen, Tabellen und Umsätze: So funktioniert die Buchhaltung 51
Die verdammte Muse: Acht Tipps für mehr Kreativität 56
Motivation: Keine Sorge, wenn sie mal kurz verloren geht 59
Alles auf einmal geht nicht: Priorisieren als Freelancer-Kompetenz 61

Learnings: Weisheiten aus der Freiberuflichkeit 63
Don'ts: Diese Fehler sollten Selbstständige vermeiden 64
Grenzen setzen: Wann Freelancer auch mal Nein sagen müssen 67
Der Kopf braucht Pause: Work-Life-Balance für Freiberufler 70
Anti-Perfektion: Warum 80 % manchmal ausreichen 72
Zweifel: Warum Bedenken dazugehören und nichts bedeuten müssen 74
Freiheitsgedanken: Warum Freiheit und Verantwortung Hand in Hand gehen 75
Gedanken zum Scheitern: Risking a Fuckup? Oh fuck, yes! 76
On Repeat: Fünf Sätze, die Selbstständige oft zu hören bekommen 79
Ausgebremst: Sieben nicht so schöne Momente als Freelancer 81
Aufs Bauchgefühl vertrauen: Mal anders zu entscheiden, ist nicht schlimm 84
Me-Time statt Mimimi: Klaren Kopf behalten durch Selbstcoaching 85
Sprung ins Ungewisse? Warum Freelancer nicht „keine", sondern eine andere Form von Sicherheit haben 88

On Tour: Ausflug als Digitalnomade   91
Allein verreisen: Warum eigentlich nicht?   91
Überall arbeiten: Coworking und Coliving für Selbstständige   93
Coliving in Lissabon: Meine erste Woche als digitaler Nomade   96

Last but not least: Eine Wende   99
Motiviert durch eine Krise: Geht das überhaupt?   99
Neue Herausforderung gesucht: Wann es Zeit für etwas Neues wird   102

Checkliste: Die wichtigsten Tipps & Facts für Nachwuchs-Freiberufler in Kürze   105

Februar 2023: Wohin hat mich meine Selbstständigkeit nun geführt?   109

Über die Autorin

Tatjana Müller, geboren 1989, begann ihren Werdegang als Redakteurin bereits neben ihrem Studium und war dabei für diverse Print- und Onlinemedien tätig, bevor sie als PR-Texterin für verschiedene Kommunikationsagenturen arbeitete. 2017 kündigte sie ihren festen Job, um sich den Traum der Selbstständigkeit und des ortsunabhängigen Arbeitens zu erfüllen. Als freiberufliche Texterin schrieb sie vor allem für die IT- und Tourismusbranche und veröffentlichte währenddessen auf ihrem Blog Content & Stories Erfahrungs- und Ratgeberartikel über die

Höhen und Tiefen des Freelancer-Lebens. Mittlerweile arbeitet Tatjana Müller als Content Manager und Editor im Bereich Karriereberatung und ist nebenberuflich als Texterin und Autorin tätig. Sie lebt in Frankfurt am Main.

Vor der Kündigung: Frage von Sprung und Wagnis

Inhaltsverzeichnis

Selbstständig sein: Ja oder Nein?............................... 1
Neun wichtige Eigenschaften: Voraussetzungen als Freelancer 4
Fünf gute Gründe: Darum sollte man als Freelancer arbeiten........... 7

Selbstständig sein: Ja oder Nein?

Wer überlegt, sich selbstständig zu machen, hat noch nicht die Anfänge der Selbstständigkeit erreicht, sondern befindet sich in der Stufe davor – genau genommen bei der Frage, ob man es wirklich wagen soll. In dieser Phase befand auch ich mich und so möchte ich nicht bei Finanzamt-Anrufen und Webseitendesigns anfangen, sondern viel früher – nämlich an dem Zeitpunkt, als ich von Umsatzsteuer-Voranmeldungen und Stundensätzen noch (fast) keine Ahnung hatte und noch gar nicht zu 100 % wusste, ob ich den Schritt in die Selbstständigkeit überhaupt wagen sollte. Ich meine den Zeitraum, der sich vom ersten Gedanken an die Selbstständigkeit bis zur finalen Entscheidung dafür erstreckt. Welche Basisfragen habe ich mir damals gestellt, die mich am Ende in

© Der/die Autor(en), exklusiv lizenziert an Springer Fachmedien Wiesbaden GmbH, ein Teil von Springer Nature 2023
T. Müller, *Freiberufler werden*, https://doi.org/10.1007/978-3-658-41078-0_1

die Freiberuflichkeit führten? Genau diese habe ich für noch unentschlossene Vielleicht-bald-Gründer aufgelistet.

Ist jetzt der richtige Zeitpunkt?
Dies war zwar nicht die erste Frage, die mir bezüglich der Selbstständigkeit im Kopf umherschwirrte, aber definitiv eine wichtige: Soll ich mich jetzt schon selbstständig machen? Brauche ich noch mehr Erfahrung, um erfolgreich selbstständig zu sein? Oder ist genau jetzt der richtige Zeitpunkt für dieses Abenteuer? Nach reiflicher Überlegung kam ich zu dem Entschluss: Wenn nicht jetzt, wann dann? Dabei haben neben einem entschlossenen Ich-bin-bereit-Gefühl verschiedene Aspekte mitgespielt, die ich in den nächsten Abschnitten vorstelle.

Wie hoch ist mein Risiko?
Habe ich viele Anschaffungen zu tätigen? Muss ich mich dafür verschulden? Was passiert im schlimmsten Fall, wenn es nicht funktioniert? Diese Fragen konnte ich mir ziemlich schnell mit „Nein", „Nein" und „Nicht viel" beantworten. Als Texterin war das Risiko überschaubar. Schließlich brauchte ich lediglich einen Laptop und Internetanschluss, um arbeiten zu können. Und wenn es nicht funktionieren würde? Würde ich mir eben einen neuen Job in einer Redaktion suchen.

Meiner Meinung nach ist es vernünftig, sich diese Fragen zu stellen und sich das Worst-Case-Szenario auszumalen, um alle Risiken abzuwägen. Vor allem, wenn größere Geldsummen für die Gründung anfallen. Gleichzeitig darf man aber nicht davon ausgehen, dass dieses Szenario tatsächlich eintritt. Denn es kann schließlich auch genau das Gegenteil passieren und gut laufen.

Komme ich damit klar, keine „richtigen" Kollegen mehr zu haben?
Kollegenaustausch und Teamarbeit haben sich durch Corona verändert – so auch das Verhältnis von Präsenzzeit im Büro und Homeoffice. Der Alltag eines Festangestellten und der eines Freiberuflers haben sich (wie ich es zumindest wahrgenommen habe) deutlich angenähert. Und doch ist das Freiberuflerdasein natürlich anders: Als Freelancer hast du (in den meisten Fällen) kein Team, das hinter dir steht oder dich supporten kann, sondern du trägst die Verantwortung für dein Unternehmen

allein. Bürozeiten mit einem kleinen Plausch unter Kollegen gibt es auch nicht. Wer immer allein im Homeoffice arbeitet, hat zwar mehr Ruhe, kann sich aber zwischendurch auch einsam fühlen. Abhilfe schaffen da aber zum Beispiel das Arbeiten in Cafés, Bibliotheken und Coworking Spaces sowie der (digitale) Austausch in sogenannten Mastermind-Gruppen oder Stammtischen, die sich ganz leicht über Suchmaschinen oder soziale Medien finden lassen. Jedoch sollte jemand, der ohne festes tägliches Kollegennetzwerk (ob nun digital oder vor Ort) nicht auskommt, sich das mit der Selbstständigkeit noch einmal überlegen.

Verfüge ich über genügend finanzielle Mittel?
Habe ich bereits genug Erspartes, um die ersten Monate der Selbstständigkeit überbrücken zu können, bis die ersten Umsätze fließen? Wenn nicht: Verschaffe ich mir durch eine spätere Kündigung Zeit, um noch etwas zur Seite zu legen? Kommen in der Anfangszeit auch keine größeren Rückzahlungen (zum Beispiel ein Studienkredit) auf mich zu? Liquidität als Selbstständiger ist ein Muss. Mach dir also rechtzeitig über deine Finanzen Gedanken – sowohl im privaten als auch im beruflichen Bereich.

Wo ist die Selbstverwirklichung größer?
Nenn mich Idealist, aber für mich war genau diese Frage am wichtigsten: Bin ich zufrieden mit meinem jetzigen Job? Gibt es in diesem Job für mich genügend Weiterentwicklungsmöglichkeiten? Habe ich aktuell in meiner Freizeit noch Luft für eigene Projekte, für die ich brenne? Wo sehe ich mich in fünf Jahren? Und was muss ich tun, um dorthin zu kommen? Wer sich diese Fragen ehrlich beantwortet, wird den richtigen Schritt gehen.

Was würde sich alles ändern?
Verdienst? Krankenversicherung? Rentenansprüche? Steuervorauszahlungen? Wer in die Selbstständigkeit geht, muss einige (bürokratische) Veränderungen durchlaufen. Ich empfehle, sich vorher schon darüber zu informieren, wie diese Veränderungen genau aussehen und was sie konkret bedeuten. Selbst dann kann man diesen umfangreichen

bevorstehenden Veränderungsprozess zwar noch nicht ganz greifen, aber es wird hilfreich sein, wenn man so früh wie möglich weiß, um welche dieser Themen man sich wann kümmern müsste.

Überwiegen am Ende die Vor- oder die Nachteile?
Freie Projektauswahl, dafür eventuell zeitweise Auftragsnot? Flexible Arbeitszeiten, dafür keine Kollegen für die Kaffeepause oder als Rückhalt? Festes Gehalt vs. höherer Stundensatz? Ob die Selbstständigkeit für jemanden eher Chance oder Schrecken ist und ob die Vor- oder Nachteile überwiegen, muss jeder anhand seiner eigenen Prioritäten für sich selbst entscheiden – sowohl mit dem Kopf als auch mit dem Bauch.

Traue ich mir das überhaupt zu?
Das Wort Mut habe ich im ersten Jahr meiner Selbstständigkeit sehr oft gehört. Es sei so mutig, sich selbstständig zu machen, und man würde es sich selbst nie trauen – so der wiederkehrende Wortlaut. Ich glaube ja, dass die meisten Menschen dies viel zu schnell über sich behaupten: Auch ich hätte noch zwei Jahre vor meiner Kündigung nicht gedacht, dass ich jemals selbstständig sein würde. Natürlich gehört eine gewisse Risikobereitschaft dazu, den Job zu kündigen und sich in den Freelancer-Markt zu stürzen. Aber ich rate jedem, der über sein eigenes Business nachdenkt, sich umfassend über das Thema Selbstständigkeit und dessen Chancen zu informieren, bevor er voreilig aus Angst diese Option von der Liste der Lebensentscheidungen streicht. Vielleicht sind die Hürden überschaubarer als gedacht – und der Mut am Ende doch groß genug.

Neun wichtige Eigenschaften: Voraussetzungen als Freelancer

„Ich könnte das nicht" oder „Das würde ich mich nie trauen" sind wohl die häufigsten Sätze, die ich während der Anfangszeit als Freelancer von meinen Mitmenschen gehört habe. Sicherlich sind manche Personen besser für die Selbstständigkeit geeignet als andere. Doch ob nun Business-Mensch oder nicht: So manche Eigenschaft muss man sich erst mitten auf dem Weg – teilweise schmerzhaft – aneignen, um als Freelancer erfolgreich zu sein.

1. Organisationstalent
Das Selbstständig-Machen funktioniert nur mit einer gewissen Planung. Ämter, Anträge, Meldungen, Coaching, Businessplan, Website, Datenschutz – es fällt vor allem am Anfang viel an, um das man sich gleichzeitig kümmern muss. Sich selbst und seine Zeit entsprechend zu organisieren, um alles rechtzeitig abzuarbeiten und unter einen Hut zu bekommen, ist unerlässlich.

2. Überzeugung & Begeisterung
Als Selbstständige war ich Texterin, Vertrieb, Marketingchefin, Social-Media-Managerin, Buchhaltung und IT-Abteilung in einer Person. Daher musste ich mich mit sehr vielen neuen Themen beschäftigen und mich ins – so nenne ich es einfach mal – „Unternehmertum" einarbeiten. Das alles auf einmal zu wuppen, ist am Anfang nicht immer einfach – und setzt deshalb voraus, dass man zu 100 % hinter dem steht, was man tut.

3. Dem Perfektionismus Adieu sagen können
Wer sechs Personen in einem ist, sollte sich schnellstmöglich vom Perfektionismus verabschieden. Manchmal sind die von sich selbst geforderten 120 % zeitlich schlichtweg nicht möglich, wenn die To-do-Liste mal wieder überquillt oder andere Deadlines im Nacken sitzen. Dann einfach mal mit der eigentlich schon bestehenden Endfassung eines Textes zufrieden zu sein, ohne zum x-ten Mal wieder daran herumzubasteln, muss dann eben gelernt sein.

4. Ausdauer & Geduld
Wer nicht bereits Kunden mit in die Selbstständigkeit bringt, weil er als sogenannter Sidepreneur neben dem Hauptjob schon freiberuflich aktiv war, muss definitiv lernen, geduldig zu sein. Der Akquiseprozess kann am Anfang sehr mühsam und langwierig sein. Zum einen lädt nicht jedes Unternehmen in den Recall ein, zum anderen können die internen Abstimmungen in Unternehmen etwas dauern: Dort müssen

Budgets, Projektplanungen und Zeitfenster abgeklärt sein, bevor der neue Freelancer loslegen darf – und dabei können durchaus einige Wochen ins Land gehen. Eine gewisse Ausdauer als Freiberufler sollte also vorhanden sein.

5. Disziplin
Ich betone immer wieder, dass die Flexibilität als Freelancer Fluch und Segen zugleich ist. Klar, man kann sich Termine legen, wie man möchte, eher spätabends als frühmorgens arbeiten oder auch mal freitags schon durch eine intensive Vier-Tage-Woche ins Wochenende starten. Aber dazu gehört eine ordentliche Portion Selbstdisziplin. Wer unter ausgeprägter Aufschieberitis leidet, sollte sich vor der Selbstständigkeit also schnell das passende Gegenmittel verschreiben.

6. Stressresistenz
Du kannst noch so organisiert, sortiert und fit sein: Irgendwann kommt in der Gründungs- bzw. Anfangsphase der Selbstständigkeit der Punkt, an dem einem alles über den Kopf zu wachsen scheint – wenn auch nur für einen kurzen Moment. Neue Themen, neue Aufgaben, neue Verantwortung: In der Theorie weiß man zwar vorher, was da alles auf einen zukommt. Das bedeutet jedoch nicht, dass man nicht doch mal an der ein oder anderen (bürokratischen) Hürde zu verzweifeln droht. Wir sind schließlich alle nur Menschen. Deine Stressresistenz sollte aber definitiv ausgeprägt sein, wenn du als Freelancer durchstarten möchtest.

7. Entscheidungsfreudigkeit
Welches Gründungsdatum? Welcher Domain-Anbieter für die Website? Wie nenne ich mich und mein Unternehmen? Welche Versicherungen sollte ich abschließen? Welche Buchhaltungssoftware sollte ich nutzen? Brauche ich dies? Brauche ich das? Wer nicht gut darin ist, Entscheidungen zu fällen, wird das spätestens während des Selbstständig-Machens lernen. Denn genau dann *muss* man Entscheidungen treffen – und das teilweise ziemlich schnell. Du solltest also genau wissen, was du willst, nicht zu lange mit Details hadern und – wie bereits erwähnt – auch den altbekannten Perfektionismus zur Seite schieben.

8. Tough genug sein, um „Nein" zu sagen
Oft wurde mir gesagt, dass man zu Beginn der Selbstständigkeit eben „nehmen muss, was kommt". Darauf antworte ich nur mit „Nein". Natürlich sollte man nicht *zu* wählerisch bei Projektanfragen sein, wenn man noch keinen festen Kundenstamm hat. Allerdings sollte man auch auf sein Bauchgefühl hören, wenn ein Kunde nicht „passen" sollte (siehe mein Beispiel aus dem Abschnitt „Ein zentraler Gedanke vorweg: Jeder kleine Erfolg ist zu feiern"). Für die Beziehung zwischen Kunde und Dienstleister gilt nämlich das Gleiche wie für jede andere Beziehung auch: Wenn es langfristig funktionieren soll, muss die Chemie stimmen. Respektiert dich der Kunde? Ist eine offene und ehrliche Kommunikation möglich? Vertraut dein Kunde auf deine Fähigkeiten und lässt sich von dir beraten? Wenn du diese Fragen mit Nein beantworten musst, dann wird die Zusammenarbeit auf lange Sicht vermutlich schwierig. Und dann liegt es auch mal an dir, Nein zu sagen.

9. Keine Angst vorm Scheitern
Ob die Selbstständigkeit gelingt oder nicht, ist nie garantiert. Dafür gibt es einfach Faktoren, die du nicht beeinflussen kannst, wie zum Beispiel die Marktsituation und Marktentwicklungen. Wer zu viel Angst vor dem Scheitern hat, sollte sich das mit der Selbstständigkeit also noch einmal überlegen. Oder besser umgekehrt: Wer sich selbstständig machen möchte, darf keine Angst vor dem Scheitern haben. Wer weiß, dass er sich selbst nach einem Sturz wieder berappeln, neu durchstarten und dem Scheitern womöglich auch etwas Positives abgewinnen kann, der sollte motiviert loslegen und sich von kleineren Hürden nicht abhalten lassen.

Fünf gute Gründe: Darum sollte man als Freelancer arbeiten

Im Abschn. „Selbstständig sein: Ja oder Nein?" habe ich bereits aufgezählt, welche Fragen man sich stellen sollte, bevor man sich selbstständig macht. Dabei ging es vor allem um Ziele, Risiken und

Finanzen. Alles vernünftige Faktoren, die ihre Berechtigung haben. Denn Vernunft ist gut und wichtig, wenn man den Sprung raus aus dem festen Arbeitsmarkt wagt. Doch darüber hinaus gibt es noch andere Aspekte, die zwar mehr dem Idealismus als der allgemein nachvollziehbaren Vernunft folgen, aber trotzdem gute Gründe für einen freieren Karriereweg bilden.

Welche speziellen (ideellen) Beweggründe standen für mich damals im Vordergrund, um meinen festen Job zu kündigen? Auch hierfür habe ich eine kleine Checkliste vorbereitet.

1. Nicht genug Aufstiegschancen oder Weiterentwicklungen im festen Job

Mein letzter fester Job vor der Kündigung hätte mich eigentlich zufrieden stellen können: Mein Alltag bestand aus Schreiben, abwechslungsreichen Projekten und Kunden, netten Kollegen, Spaß an der Arbeit und einem Sicherheitsgefühl, das man in einer festen Position eben hat. Aber irgendetwas fehlte mir. Und lange wusste ich nicht genau, was es war. Doch irgendwann erkannte ich: Mir fehlten auf lange Sicht die Herausforderungen und die nächste Stufe meiner Karriere. Und diese Stufe würde wohl auch in absehbarer Zeit nicht für mich an diesem Ort zu finden sein. In der Selbstständigkeit hingegen wäre sie sofort vor mir gewesen – und zwar nicht nur eine.

2. Mehr Vielfalt

Sich in einem Thema wie ein Profi auszukennen, ist vor allem als Freiberufler unglaublich wichtig (Stichwort: Positionierung). Allerdings hatte ich als Festangestellte nach über zwei Jahren in nur einem Themengebiet das Bedürfnis, mehr Vielfalt in meinen Arbeitsalltag zu bringen. Wer sich im aktuellen Job thematisch nicht ganz zuhause oder nicht ausgelastet fühlt, hat in der Selbstständigkeit die Möglichkeit, sich in Bereichen zu positionieren, die das eigene Interesse widerspiegeln. Und die Texte dazu schreiben sich übrigens fast wie von allein.

3. Selbstverwirklichung

Dies war einer der wichtigsten Beweggründe für mich: Generell war ich in meinem Job zufrieden, hatte aber keine Zeit für eigene Projekte (wie zum Beispiel für einen Blog und ein eigenes Buch), vermisste das journalistische und kreative Schreiben und hatte lange das Gefühl, deshalb etwas zu verpassen. Hinzu kam der Gedanke, dass ich es später bereuen würde, wenn ich meinem Traum nicht folgen und es nicht zumindest versuchen würde. Und ich dachte damals nur: Egal, wie sich meine Laufbahn jetzt noch entwickeln würde – der Selbstverwirklichung würde ich durch meine Selbstständigkeit auf jeden Fall ein ganzes Stück näherkommen.

4. Kreativ ausleben
In meinem Kopf sprudelte es schon vor der Kündigung nur so vor Ideen und Projekten, die ich umsetzen wollte. Das Problem waren eher Zeit und Raum, denn von beidem hatte ich zu wenig, um mich kreativ ausleben zu können. Als Freelancer konnte ich mir nun ohne Probleme die Zeit zwischen den Kundenprojekten nehmen, um eigene Texte zu schreiben, die Blog-Pipeline zu füllen oder Probeartikel für Magazine zu verfassen. Als Selbstständiger ist man schließlich sein eigener Kreativchef – und der Ideenumsetzung sind demnach (fast) keine Grenzen gesetzt.

5. Flexibilität und Ortsunabhängigkeit
Digitale Nomaden werden mir hier zustimmen: Die flexible Zeiteinteilung und das ortsunabhängige Arbeiten sind wohl die besten Gründe für das Freelancer-Dasein. Du bestimmst deinen eigenen Rhythmus, kannst Nachmittagstiefs kurz in der Sonne aussitzen und danach deinen Kreativschub wieder für Projekte ausnutzen. Du bestimmst, wo du arbeitest – und das kann jeder Ort sein, an dem du dich konzentrieren kannst und gutes WLAN zu finden ist. Klingt super, oder? Nicht zuletzt, weil ein Arbeitsplatzwechsel durchaus die Kreativität pusht – und was will man als freiberuflicher Texter bitte mehr?

Der Übergang in ein neues Leben: Vorbereitung auf die Selbstständigkeit

Inhaltsverzeichnis

Ganz oben auf der Liste: Sechs Aufgaben, die Gründer nicht aufschieben sollten 11
Unternehmerschule: Warum ein professionelles Coaching viel wert ist . . . 15
Schriftliche Basis: Existenzgründung mit einem Businessplan 19
Digitaler Auftritt: Warum eine Website gut durchdacht sein sollte 24
Online-Status: Sinn und Zweck von Social Media. 28
Kreativ vorausplanen: Warum sich die Mühe für einen Marketingplan lohnt. 30
Plädoyer für straffes Zeitmanagement: In der Gründungsphase nicht den Kopf verlieren. 32

Ganz oben auf der Liste: Sechs Aufgaben, die Gründer nicht aufschieben sollten

Ob freiberuflicher Redakteur mit festem Standort oder digitaler Nomade – das Selbstständig-Machen bedarf intensiver Vorbereitung.

Wie wichtig Organisation in der Selbstständigkeit ist, habe ich bereits erwähnt. Doch welche Schritte sind im Einzelnen und wie auszuführen? Was muss man dabei beachten? Und welche Fallstricke gibt es? Basierend auf meinen individuellen Erfahrungen habe ich ein paar Antworten zusammengefasst.

Jeder dieser Aspekte könnte ein kleines Kapitel für sich füllen. Hier geht es lediglich um eine kompakte Übersicht. Beachte auch, dass es hier je nach Bundesland unterschiedliche Fristen und Voraussetzungen geben kann. Bitte informiere dich also individuell über die Regelungen an deinem Standort.

1. Der Weg zum Arbeitsamt

Du hast die Kündigung bei deinem Vorgesetzten eingereicht? Glückwunsch! Aber bevor du die Neustart-Korken knallen lässt, greife direkt zum Hörer und rufe beim Arbeitsamt an. Auch wenn du die Selbstständigkeit anstrebst und offiziell nicht arbeitslos sein wirst, musst du dich innerhalb von drei Tagen nach deiner Kündigung dort melden. Solltest du diese Frist verpassen, kann es zu Sperrzeiten kommen – auch, was den Gründerzuschuss angeht, auf den ich später noch eingehe.

2. Krankenversicherung und Künstlersozialkasse

Der Einschnitt, den deine Kündigung für dein Arbeitsleben darstellt, weitet sich auch auf andere Bereiche aus. Du musst dir zum Beispiel überlegen, ob du gesetzlich versichert sein möchtest oder in die private Krankenversicherung wechselst. Hier gibt es nicht die *eine* richtige Antwort, denn welche Versicherungsart dir die besten Konditionen bietet, musst du ganz individuell entscheiden. Für künstlerische Berufe wie Journalisten, Autoren oder auch Musiker und Schauspieler gibt es außerdem die Möglichkeit, sich bei der Künstlersozialkasse zu bewerben. Diese ersetzt bei Aufnahme den Arbeitgeber, indem sie die Hälfte der Beiträge für Kranken-, Pflege- und Rentenversicherung übernimmt und diese entsprechend koordiniert.

3. Meldung beim Finanzamt
Bei diesem Schritt gilt für dich zuerst einmal zu klären, ob du ein Gewerbe anmelden musst oder nicht – denn bei einer „freiberuflichen Tätigkeit" ist dies keine Pflicht. Hier solltest du dich genau über die unterschiedlichen Begriffe und Regelungen informieren. Fällst du zum Beispiel unter § 18 EStG? Dieser Paragraph legt fest, wann du als Freiberufler giltst. Hast du deine Einkunftsart geklärt, kann die Meldung beim Finanzamt erfolgen. Im Internet kannst du dir dafür den Fragebogen zur steuerlichen Erfassung downloaden. Diesen solltest du so schnell wie möglich vollständig ausgefüllt an das entsprechende Amt senden. Für diesen Fragebogen gibt es viel zu klären. Neben detaillierten Informationen zu deinem Unternehmen wie Name, Art des Gewerbes und Gründungsform, tauchen hier viele Begriffe auf, die entweder buchhalterisches Vorwissen oder viel Recherche erfordern – oder beides. Weißt du zum Beispiel, was es mit einer Ist-Versteuerung auf sich hat? Oder mit einer Dauerfristverlängerung? Kennst du dich mit Steuersätzen und Gewinnermittlung aus? Lass dir, wenn du völlig neu auf dem Gebiet bist, von einem Coach oder einem dir bekannten Selbstständigen helfen und plane auf jeden Fall ein paar Tage für das Ausfüllen des Fragebogens ein.

4. Gründerzuschuss und Coaching
Wenn du dich beim Arbeitsamt gemeldet und dieses über dein Vorhaben informiert hast, wird dich dein Sachbearbeiter vermutlich spätestens beim persönlichen Termin fragen, ob du einen Gründerzuschuss beantragen möchtest. Bis dahin solltest du dir auch tatsächlich darüber im Klaren sein, denn die entsprechenden Antragsunterlagen musst du *vor* deiner Gründung (sprich: vor der Meldung beim Finanzamt) beim Arbeitsamt abholen. Andernfalls verfällt die Möglichkeit, den Gründerzuschuss zu beantragen. Kurzgefasst: Der Gründerzuschuss ist – so nenne ich das gerne – eine Art Stipendium für Neugründer. Er deckt im ersten halben Jahr deine Lebenshaltungskosten in Höhe des Arbeitslosengeldes, das dir im Falle der Arbeitslosigkeit zustehen würde, und die anfallenden Versicherungsbeiträge. Und wenn du ihn verlängerst, bekommst du bei Genehmigung zwar nicht mehr den vollen

Betrag des Arbeitslosengeldes, aber für weitere neun Monate 300 € pro Monat Zuschuss.

Doch für dieses „Stipendium" musst du etwas tun: Ich habe ein 20-stündiges Coaching bei einer Unternehmensberaterin absolviert (die Kosten trug das Arbeitsamt) und währenddessen einen umfangreichen Businessplan erstellt, der die wirtschaftliche Tragfähigkeit meines Vorhabens darlegt. Antrag und Businessplan reichst du nach dem Coaching beim Arbeitsamt ein, das innerhalb weniger Wochen entscheidet, ob du den Gründerzuschuss erhältst. Solltest du den Zuschuss erhalten und du willst ihn nach sechs Monaten verlängern, musst du an dieser Stelle einen Zwischenbericht vorlegen und zeigen, dass du bereits mit deiner Selbstständigkeit Erfolg hast.

> Suche rechtzeitig das Gespräch mit der Agentur für Arbeit, um die Voraussetzungen für den Gründerzuschuss abzuklären.

Notiz am Rande: Selbst, wenn man den Gründerzuschuss am Ende nicht bekommen sollte, ist das Coaching auf jeden Fall Gold wert. Innerhalb von knapp sechs Wochen habe ich dabei eine Art Unternehmer-Crashkurs besucht, der mich passgenau auf Themen wie Marketing, Vertrieb, Buchhaltung und Finanzplanung vorbereitete – somit ideal für die Anfänge als Selbstständige.

5. Positionierung und Portfolio

Wenn du dich selbstständig machen möchtest, überlege dir genau: Worin bin ich besonders gut? Was hebt mich von anderen ab? Was genau biete ich an und zu welchen Konditionen und Preisen? Eine scharfe Positionierung und ein klares Angebotsportfolio sind das A und O – nicht zuletzt, um dir eine Nische zu schaffen und authentisch zu sein. In meinem Fall hieß das: Welche Themenbereiche möchte ich als Texterin abdecken? In welchen Textformen bin ich besonders fit? Wer das anbietet, was er am besten kann, wird am Ende auch den meisten Erfolg haben.

6. Online-Auftritt
Heutzutage geht eigentlich nichts mehr ohne eigene Website. Sie ist nicht nur die digitale Visitenkarte, sondern darüber hinaus auch ein Kanal für die Akquise. Überlege dir, wie die Navigationsstruktur aussehen soll. Hast du ein Logo? Spezielle Firmenfarben? Wie möchtest du deine Interessenten auf der Website ansprechen? Eher sachlich oder persönlich? Hinzu kommen vielleicht ein Blog und natürlich verschiedene Social-Media-Kanäle. Das gehört alles konzipiert, aufgebaut und miteinander verknüpft – auch und vor allem auf technischer Ebene. Unterschätze also den Zeitaufwand hierfür nicht. Denke an Impressum und Datenschutzrichtlinien, lass deine Freunde Korrektur lesen, Verlinkungen prüfen und das Kontaktformular testen usw. Wenn am Ende ein professioneller Online-Auftritt steht, wird sich die Arbeit definitiv gelohnt haben.

Nach den letzten sechs Abschnitten denkst du: „Das klingt viel"? Ist es auch. Aber immer mit der Ruhe. Fange mit dem ersten wichtigen Schritt an und notiere dir alle anfallenden Aufgaben. Arbeite sie Schritt für Schritt ab. Sobald der Ball deiner beruflichen Träume ins Rollen kommt, wirst du ihm sowieso sportlich und motiviert hinterherrennen. Versprochen!

Unternehmerschule: Warum ein professionelles Coaching viel wert ist

Wer sich selbstständig macht, hat die Möglichkeit, einen sogenannten Gründerzuschuss zu beantragen. In meinem Fall und im Jahr 2017/2018 hieß das: Es handelt sich um einen Zuschuss, der für mindestens sechs Monate während der Anfangszeit als Selbstständiger die Lebenshaltungskosten in Höhe des Arbeitslosengeldes, das einem zustehen würde, deckt. Diesen erhält man aber nicht einfach so: Voraussetzung ist, dass man ein Coaching von mindestens 20 h absolviert und währenddessen einen ausführlichen Businessplan schreibt. Diesen reicht man nach erfolgreichem Abschluss mit einer Empfehlung des Coaches beim Arbeitsamt ein. Die Sachverständigen des Arbeitsamtes prüfen den

Businessplan und entscheiden im Anschluss, ob der Gründerzuschuss ausgezahlt wird.

Ich bin genau diesen Weg gegangen – und hätte es mir nicht besser vorstellen können. Auch wenn mir von vielen Seiten abgeraten wurde, es überhaupt mit dem Gründerzuschuss zu versuchen. In sechs Wochen lernte ich alles, was ich für den Anfang als freie Texterin wissen musste. Doch wie lief das Coaching genau ab? Welche Schritte musste ich gehen? War das schwierig? Und zu welchem Ergebnis hat das am Ende geführt? Die folgenden Absätze schildern meine persönliche Erfahrung mit dem Coaching und sollen einen Eindruck vermitteln, inwiefern es mir für die Selbstständigkeit geholfen hat. Doch beachte bitte: Jedes Bundesland oder Amt hat hier teilweise seine eigenen Fristen und Vorgehensweisen. Informiere dich also zur Sicherheit rechtzeitig bei deiner zuständigen Agentur für Arbeit, wie die Beantragung des Gründerzuschusses abläuft.

Schritt 1: Beim Arbeitsamt informieren und Antragsunterlagen frühzeitig abholen
Wenn du dich nach der Kündigung beim Arbeitsamt gemeldet hast, wird dich dein Sachbearbeiter spätestens beim persönlichen Termin fragen, ob du einen Gründerzuschuss beantragen willst. Bis dahin solltest du dir definitiv darüber im Klaren sein, ob du das möchtest, denn die Antragsunterlagen musst du *vor* deiner Gründung (sprich: vor der Meldung beim Finanzamt) beim Arbeitsamt abholen. Andernfalls verfällt die Möglichkeit, den Gründerzuschuss zu beantragen. Hier gibt es also nicht nur Fristen für das Einreichen des Antrags, sondern bereits für die Abholung der dafür notwendigen Unterlagen.

> Die Unterlagen zur Beantragung eines Gründerzuschusses müssen abgeholt werden, *bevor* dem Finanzamt die Gründung gemeldet wird.

Schritt 2: Einen Coach suchen
Meine Sachbearbeiterin beim Arbeitsamt nannte mir einige Unternehmen, die geeignete Coaches vermittelten. Die Kosten für das

Coaching übernahm im Rahmen der Beantragung des Gründerzuschusses das Arbeitsamt. Zuhause recherchierte ich also und informierte mich über die Branchenschwerpunkte der möglichen Anlaufstellen (falls vorhanden) und über die dortigen Coaches. Ich rief ohne Umschweife bei der Person an, die am geeignetsten für mich als Texterin schien. Während des Telefonats sprachen wir über meine Pläne und Ziele: Was wollte ich als Freiberufler umsetzen? Für wen? In welcher Branche? Diese Fragen zu klären, ist wichtig, denn ein Coach muss einschätzen können, ob er in diesem Fall die entsprechenden Erfahrungen mitbringt, um dich passend unterstützen zu können. Das erste Gespräch endete zwar mit keiner Zusammenarbeit, jedoch mit einer passenden Weiterempfehlung. Wenige Tage und ein Kennenlerngespräch später hatte ich meinen Coach gefunden. Übrigens: Wichtig bei der Suche nach einem Coach ist nicht nur dessen Know-how, sondern auch die Sympathie zwischen Coach und Coachee. Ihr werdet schließlich einige Wochen zusammen an deiner Zukunft arbeiten.

Schritt 3: Mit dem Coaching beginnen
Was nun folgte, waren sechs sehr intensive und absolut lehrreiche Wochen: Ein- bis zweimal pro Woche ging ich morgens vor der Arbeit (schließlich war ich noch fest angestellt) zu meinem Coaching. Die Sitzungen dauerten je nachdem zwischen 45 und 90 Minuten. In dieser Zeit besprach ich alle Aspekte des Selbstständig-Machens mit meinem Coach – von Akquisetipps bis zum Steuerthema – und lernte viele Dinge, die mir den Start in die Selbstständigkeit einfacher machten. Bei diesen Aspekten handelte es sich gleichzeitig um die Inhaltspunkte meines Businessplans: Was ist mein Ziel? Warum eigne ich mich für die Selbstständigkeit als freie Texterin? Wer ist meine Zielgruppe? Was ist mein Angebot? Wie hoch ist mein Risiko? Wie sieht meine Finanzplanung aus? Und so weiter und so weiter.

Pro Coaching fokussierten wir uns auf ein Thema bzw. auf eine Fragestellung, die ich entsprechend immer vor- und nachbereitete. Darüber hinaus half mir mein Coach bei den Formularen für das Finanzamt, gab mir Tipps für Marketing und Buchhaltung und unterstützte mich bei der Finanzplanung. Dabei möchte ich betonen, dass es beim Coaching nicht darum geht, dass der Coach dir einfach alle Antworten und Informationen vorlegt. Stattdessen leitet er dich bei deinem Vorhaben an, gibt Ratschläge und stellt allem voran die richtigen Fragen, damit du im Anschluss die richtigen Antworten für dich selbst findest. Die Hauptarbeit liegt also definitiv bei dir. Du musst beweisen und zeigen, dass du die Selbstständigkeit wirklich willst – und vor allem „kannst". Also saß ich morgens im Coaching, ging danach für meine Noch-Arbeit in die zehn Minuten entfernte Agentur, arbeitete acht Stunden und fuhr anschließend nach Hause, um dort an meinem Businessplan zu schreiben. Es war sehr viel Arbeit und ich hatte wenig Zeit für andere Dinge, aber das Coaching war die beste und hilfreichste Stütze, die ich für den Start der Selbstständigkeit erhalten konnte.

Schritt 4: Dranbleiben am Businessplan
Der Businessplan fühlte sich damals für mich an, als würde ich eine zweite Examensarbeit schreiben, denn die Vorgehensweisen waren sich sehr ähnlich. Während meiner Examensarbeit im Jahr 2013 besuchte ich ebenfalls einmal pro Woche meine Dozentin, mit der ich dabei immer die Fortschritte und das weitere Vorgehen besprach. Danach schrieb ich wieder für eine Woche an der Examensarbeit, besuchte die Dozentin mit meinen Fortschritten und schrieb weiter. Genauso lief das auch mit dem Businessplan ab – nur eben komprimiert auf sechs Wochen statt auf fünf Monate. Ich recherchierte, schrieb und überarbeitete. Und das Ganze wieder von vorne. Die Streberin in mir genoss das alles sehr – auch wenn ich wenig Zeit für andere Dinge hatte. Aber ich hatte schließlich ein klares Ziel vor Augen, das ich verfolgte und das mich antrieb. Und so gingen die Wochen dahin, bis ich das letzte Wort abtippte und bis zu dem stolzen Moment, in dem ich meinen ausgedruckten Businessplan in den Händen hielt.

Schritt 5: Businessplan und Empfehlung des Coaches beim Arbeitsamt abgeben
Nachdem der Coach deinen Businessplan abgesegnet und eine entsprechende Empfehlung geschrieben hat, gibst du diese mit den gesamten Antragsformularen für den Gründerzuschuss beim Arbeitsamt ab. Ich weiß noch heute, wie ich an diesem Tag angespannt im Copy-

shop stand und meinen Businessplan in zweifacher Ausführung vorbereitete. Die ausgedruckten Seiten behandelte ich wie rohe Eier, prüfte bei beiden Ausführungen mindestens zweimal, ob auch alle Seiten vorhanden waren und nichts verrutscht, herausgefallen oder vertauscht war. Danach lief ich schnurstracks zum Arbeitsamt, um meine Unterlagen abzugeben – um danach den größten Stolz seit langem zu spüren.

Nun hieß es für mich warten. Jedoch wusste ich, dass auch wenn ich den Gründerzuschuss nicht bekommen sollte, ich durch das Coaching perfekt für den Start als Selbstständige vorbereitet bin – und dies allein gab mir schon jede Menge Zuversicht für die kommenden Monate. Während ich auf das Ergebnis wartete, drehte ich aber natürlich keine Däumchen, sondern arbeitete weiter meine Gründer-To-dos ab. Bis zu dem Tag ein paar Wochen später, an dem die wertvolle Post in meinem Briefkasten lag – mit der Bestätigung, dass ich den Gründerzuschuss erhalten würde. Die Selbstständigkeit konnte kommen!

Schriftliche Basis: Existenzgründung mit einem Businessplan

Offiziell diente mein Businessplan dem Zweck, die „Tragfähigkeit meines wirtschaftlichen Vorhabens" zu beweisen. Inoffiziell konnte er aber noch viel mehr: Als Endergebnis meines mehrwöchigen Coachings beinhaltete er alles, was ich in dieser Zeit über das Selbstständig-Sein gelernt hatte – und stellte somit die Basis für mein Freelancer-Leben dar, ob ich den Gründerzuschuss nun erhalten würde oder nicht.

Welche Inhalte gehören in einen Businessplan?
Rein strukturell war mein Businessplan in die folgenden Abschnitte bzw. Themen eingeteilt:

- Titelblatt
- Inhaltsverzeichnis
- Executive Summary

- Geschäftsidee
- Zielgruppe
- Markt & Wettbewerb
- Marketing & Vertrieb
- Gründerprofil
- Organisation
- SWOT-Analyse
- Finanzplan
- Anhang

Im Folgenden beschreibe ich dir in Kürze, was es mit den einzelnen Abschnitten auf sich hat und welche Unterpunkte hier jeweils eine Rolle gespielt haben. Titelblatt und Inhaltsverzeichnis sprechen für sich selbst und unterliegen zudem der gestalterischen Freiheit, also starte ich mit der Executive Summary.

Executive Summary
Die Executive Summary umfasst nur eine Seite und resümiert die Inhalte des Businessplans für den Leser kurz und prägnant. Dabei bin ich auf jedes Kapitel in Kürze (ein bis zwei Sätze) eingegangen mit einem Verweis darauf, welchen Zweck jedes einzelne Kapitel verfolgt und was der Leser dort jeweils zu erwarten hat.

Geschäftsidee
Unter dem ersten inhaltlichen Abschnitt meines Businessplans beschrieb ich meine konkrete Geschäftsidee, meine Positionierung auf dem Markt und mein Angebot. Dabei erläuterte ich, unter welchem Namen und für welche Branchen ich arbeiten und welche Textformen ich anbieten würde. Hinzu kamen detaillierte Definitionen relevanter Begriffe, wie in meinem Fall zum Beispiel zu „Public Relations", „Content Marketing" oder „Storytelling". Des Weiteren ging ich in diesem Abschnitt darauf ein, was mein Angebot umfassen würde und worum es sich bei den jeweiligen Textformen handelte – von der Pressemeldung bis zum Websitetext. Gleichzeitig betonte ich die Relevanz der unterschiedlichen Textformen für Unternehmen und verwies auf meine

bisherigen Erfahrungen als Texterin und Journalistin, sofern es sich anbot.

Zielgruppe
Wer etwas anbietet, ob nun Produkt oder Dienstleistung, sollte seine Zielgruppe genau kennen. Und dafür gibt es die Zielgruppenanalyse. In meinem Businessplan habe ich gezeigt, wer meine potenziellen Auftraggeber sind und dass ich die Fähigkeit besitze, mich in diese hineinzuversetzen, um passgenaue Texte erstellen zu können. Dabei habe ich folgende Fragen beantwortet:

- Wer genau gehört zu meiner Zielgruppe?
- Vor welchen beruflichen Herausforderungen steht meine Zielgruppe?
- Welche beruflichen Ziele hat meine Zielgruppe?
- Wie spreche ich meine Zielgruppe an? Worauf achtet sie? Wodurch bewertet sie mich?
- Fazit: Was bedeuten die Ergebnisse der Analyse für mich?

Als Dienstleister (und vor allem als Texter, der für verschiedene Dienstleister schreibt) muss man sich immer die Frage stellen, wer der Kunde ist. Welchen Bedarf hat er? Und wo sucht er diesen zu decken? Sobald man sich über diese Informationen im Klaren ist, gilt es, sich zu überlegen, wie man diesen Bedarf decken kann. Auf welchen Kanälen? Und mit welcher Ansprache (sachlich vs. emotional)? Je besser Bedarf und Angebot zusammenpassen, umso besser stehen die Chancen auf dem Markt. Investiere also lieber ein bisschen mehr Zeit in deine Zielgruppenanalyse als zu wenig.

Markt & Wettbewerb
In diesem Abschnitt ging es darum, dem Leser einen Überblick über den Markt zu verschaffen, in dem ich arbeiten würde, sowie über die vorliegende Wettbewerbssituation. Im Fokus standen in meinem Fall vor allem die Veränderungen, denen Public Relations und der Journalismus unterworfen sind, sowie die Chancen für Freelancer durch den wachsenden Bedarf an qualitativen Inhalten auf Unternehmensseite. Dabei habe ich Studien und Prognosen aus externen Quellen

herangezogen. Zudem erläuterte ich, inwiefern ich mich von meinen Wettbewerbern abhebe und welche Eigenschaften ich für eine erfolgreiche Selbstständigkeit mitbringe (Stichwort Alleinstellungsmerkmal).

Marketing & Vertrieb
Wie wird die Akquise ablaufen? Hat man vielleicht schon Kunden gefunden? Wie wird das Marketing gestaltet sein? Und welche Kanäle wird man nutzen, um seine Zielgruppe zu erreichen? In diesem Abschnitt bin ich im Detail auf meinen Marketingplan für das erste Jahr der Selbstständigkeit eingegangen und darauf, welche Aktivitäten mir helfen würden, die Selbstständigkeit aufzubauen – von Website und Blog über Social Media bis hin zu Messebesuchen und Gründerevents.

Gründerprofil
Für mein Gründerprofil habe ich mich noch einmal detailliert mit meinem Werdegang beschäftigt und die unterschiedlichen Stationen aufgelistet und erläutert – immer im Hinblick auf die Frage, inwiefern ich durch diese für das Leben als Freelancer und für die Selbstständigkeit gewappnet bin.

Organisation
Wo werde ich arbeiten? Wie gestalten sich Themen wie Versicherung und Datenschutz? Welche Aufgaben werden als Selbstständiger anfallen und wie viel Zeit werden sie in Anspruch nehmen? Arbeite ich komplett eigenverantwortlich oder hole ich mir in diversen Bereichen Unterstützung, zum Beispiel einen Steuerberater? In diesem Abschnitt ging es um die konkrete Umsetzung der Selbstständigkeit und wie ich plante, den (neuen) Arbeitsalltag zu gestalten.

SWOT-Analyse
Eine SWOT-Analyse fasst zusammen, welche Stärken und Schwächen man mit in die Selbstständigkeit bringt und welche Chancen und Risiken auf einen warten – Strengths (S), Weaknesses (W), Opportunities (O) und Threats (T). Dabei geht es zum einen um

Selbstreflexion, zum anderen um eine realistische Einschätzung des eigenen Unternehmens.

Finanzplan
Den Abschluss des inhaltlichen Teils des Businessplans bildet der umfangreiche Finanzplan, der die voraussichtlichen Umsätze der ersten beiden Geschäftsjahre darstellt – sowie die in diesen Jahren voraussichtliche Rentabilität und Liquidität des wirtschaftlichen Vorhabens. Dabei beantwortete ich Fragen wie „Welche Investitionen muss ich tätigen?", „Wie hoch ist mein Eigen- und Fremdkapital?" und „Welche laufenden Kosten kommen auf mich zu?". Weitere Themen in diesem Abschnitt waren die Preisgestaltung (also zu welchen Preisen ich meine Leistungen anbiete) und Umsatzprognosen.

Anhang
Zusätzlich zum inhaltlichen Teil des Businessplans lassen sich auch im Anhang Dokumente integrieren, die die Eignung für die Selbstständigkeit beweisen. Des Weiteren sollten hier Analysen, Berechnungen oder Referenzen angefügt werden, auf die im Fließtext bereits verwiesen wurde. In meinem Fall waren das:

- Lebenslauf
- Rentabilitätsplan
- Liquiditätsplan (1. Geschäftsjahr)
- Liquiditätsplan (2. Geschäftsjahr)
- Kapitalbedarfsplan
- Finanzierungsplan
- Tabelle Vorgründungskosten
- Tabelle Preisgestaltung
- Auszüge Marketingplan
- Auszüge Kundenrecherche
- Zeugnisse und Referenzen
- Abschlusszeugnis Hochschulstudium
- Verschiedene Probeartikel

Wie schreibe ich den Businessplan?
Ich habe ja bereits erwähnt, dass das Schreiben eines Businessplans dem Schreiben einer wissenschaftlichen Hausarbeit gleicht. Wer ein Coaching besucht, wird (natürlich abhängig vom jeweiligen Coach) vermutlich nur ein Thema (oder auch einen Kapitelabschnitt) pro Sitzung behandeln und sich erst dem nächsten widmen, sobald das vorherige abgeschlossen ist. Neben der Beschreibung des wirtschaftlichen Vorhabens gehören viel Recherche, Analyse und Selbstreflexion zur Erstellung eines Businessplans. Lies dir Artikel und Erfahrungsberichte zur Erstellung eines Businessplans durch oder aber einen fertigen Businessplan, falls zum Beispiel Freunde und Bekannte bereits einen geschrieben haben. So bekommst du ein Gefühl dafür, welche Themen und Aspekte dabei eine Rolle spielen. Aber vergiss nicht: Jeder Businessplan sieht anders aus, so wie auch jedes wirtschaftliche Vorhaben sich unterschiedlich gestaltet. Investiere also genug Zeit in die Analyse – es wird dir hinterher jede Menge Zeit und Geld sparen.

Digitaler Auftritt: Warum eine Website gut durchdacht sein sollte

Neben allen bürokratischen Aufgaben hatte die Organisation meines Freelancer-Lebens auch kreative Seiten. Neben dem Ausfüllen von Anträgen, dem Telefonieren mit Versicherungen, Unternehmer-Coaching und Businessplan konnte ich so zum Beispiel auch meine Website konzipieren. Es heißt ja immer so schön, die Website sei die digitale Visitenkarte eines Unternehmens – aber eigentlich ist sie noch viel mehr. So wird eine Website mit der richtigen Suchmaschinenoptimierung zum Akquiseinstrument. Und je professioneller diese aussieht, umso besser wird der erste Eindruck beim potenziellen Neukunden sein. Deshalb habe ich mir damals sehr viele Gedanken rund um Navigationsstruktur, Texte, Farben, Bilder und Co. gemacht. Zu den wichtigsten Schritten für den Aufbau der eigenen Website gehören die folgenden:

Design der Website auswählen

Um herauszufinden, welche Art von Website mir überhaupt gefällt, sah ich mir verschiedene Websites von Unternehmen aus meiner Branche sowie von anderen Freelancern zur Inspiration an. Ein Webdesigner aus dem Bekanntenkreis unterstützte mich auf technischer Ebene und sammelte ebenfalls Designvorschläge. Beim Design ging es aber nicht nur um den konkreten Aufbau und die richtigen Farben, sondern auch um Schriftart und -größe, Bilder und Logo. Alles sollte schließlich zu einem stimmigen Gesamtkonzept werden.

Briefing für die Website schreiben

Meine Hauptaufgabe lag darin, das Gesamtkonzept der Website zu erstellen und für den Webdesigner festzuhalten. Im Klartext hieß das, ein detailliertes Website-Briefing zu schreiben. Wie soll die Navigationsstruktur aussehen? Welche Menüpunkte soll es geben? Welche Bilder kommen auf welcher Seite zum Einsatz? Und welche Texte und Links sollen wo eingefügt werden? In einer Exceltabelle sammelte ich alle Informationen, die der Webdesigner benötigte. Dazu gehörten auch die keywordoptimierten Title Tags und Meta Descriptions für die einzelnen Unterseiten, also die Titel und Kurzbeschreibungen der Seiten, die am Ende in Google angezeigt werden und auf meine Website verweisen.

Durch dieses umfassende Briefing konnte der Webdesigner in einem Durchgang erkennen, wie mein digitales Profil auf technischer und Designebene aussehen sollte. Dies sparte uns am Ende viele Rücksprachen und letztendlich Zeit.

Aufbau der Website festlegen

Meine Website sollte alle Informationen enthalten, die für potenzielle Kunden wichtig sind, aber gleichzeitig überschaubar sein. In meinem Fall bestand das Menü meiner Website aus:

- Startseite
- Angebotsseite
- Über-mich-Seite
- Blog
- Kontaktseite

Potenzielle Kunden sollten mit wenigen Klicks sehen können, was ich anbiete, wer ich bin, welche Erfahrung ich mitbringe und Aktuelles aus meinem Freelancer-Leben lesen können. Für den Aufbau der jeweiligen Unterseiten ging es dann noch einmal um Detailfragen: Welche Stationen meines Lebenslaufs gebe ich auf der Über-mich-Seite an, wenn ich sowieso noch zu XING verlinke? Welche Referenzen füge ich ein? Sage ich genug über mein Angebot? Dabei versuchte ich vor allem, die Perspektive des potenziellen Kunden einzunehmen.

Bilder für die Website wählen
Bilder im Businesslook gibt es viele und sie können ohne Probleme zum Beispiel über Bilddatenbanken gekauft werden. Ich hatte jedoch genaue Vorstellungen und wollte sichergehen, dass meine Website einen individuellen Touch bekommt – mal abgesehen von den Bildrechten, um die ich mir in Zukunft keine Sorgen machen wollte. Also habe ich eine Fotografin aus dem Freundeskreis mit ins Boot geholt, zu Hause die ersten Testfotos als Vorlage gemacht und an einem Nachmittag wenige Wochen später alles erneut mit dem Profi final umgesetzt. Das Ergebnis: Meine Website wurde mit Bildern versehen, die sonst niemand hat und gleichzeitig ein kleiner Fußabdruck meiner Kreativität darstellten – sowie des Talents meiner fotografierenden Freundin natürlich.

Texte für die Website erstellen
Man sollte annehmen, dass mir dieser Punkt leichtfiel. Fehlanzeige! Die Texte sollten kurz und knackig ausdrücken, wofür ich stehe, und zeitlos sein – aber natürlich nicht langweilig. Zudem spielten die Suchmaschinenoptimierung (Stichwort: SEO) und die richtigen Keywords eine wichtige Rolle. Schließlich möchte man als Freelancer in Google & Co. so gut auffindbar wie möglich sein. Rückblickend weiß ich gar nicht mehr, wie lange ich an den Texten herumgebastelt habe, bis sie so saßen, wie ich es wollte (vermutlich zu lange). Wie erwartet, hat sich hier der Perfektionismus gemeldet und ich muss sagen: Bei der eigenen Website ist er, obwohl ich oft gegen ihn spreche, durchaus nachvollziehbar und angebracht.

Auf einen roten Faden (bei den Texten) achten
Da der offizielle Name meines Ein-Mann-Unternehmens „Content & Stories" ist, rückte das Thema „Geschichten erzählen" automatisch in den Fokus meiner Texte und zog sich als roter Faden durch die Website. Schließlich steckt in diesem Titel auch alles drin, was ich meinen Kunden bieten möchte: informative und kreative Inhalte, Storytelling und Unternehmensbotschaften in die richtige Form bringen.

Social-Media-Verlinkungen einfügen
Welche Kanäle sollte ich hauptsächlich für mein Business nutzen? Facebook? Instagram? Twitter? Oder berufliche Netzwerke wie XING? Diese Entscheidung habe ich getroffen, noch bevor die Website gebaut wurde. So konnte der Webdesigner dann direkt die passenden Verlinkungen und Buttons dort integrieren.

Rechtliches: Impressum und Datenschutz bedenken
Zu jeder Website gehört ein Impressum und eine Datenschutzerklärung. Vor allem in der heutigen Zeit gibt es hier viel zu beachten. Ich empfehle daher, sich rechtzeitig über die aktuellen Anforderungen und die rechtliche Lage zu informieren. Unter anderem gibt es im Internet Generatoren für Impressum und Datenschutzseite, die ganz leicht zu bedienen sind. Zudem solltest du dich über das Thema Datenschutzgrundverordnung (DSGVO) schlau machen.

> Impressum und Datenschutzerklärung sollten Bestandteil jeder Website sein, die geschäftlichen Zwecken dient.

Testlauf durchführen und Feedback vom Umfeld einholen
Die Website steht? Prima! Aber bevor ich sie live geschaltet bzw. darauf aufmerksam gemacht habe, wollte ich einen genauen Testlauf durchführen bzw. habe ich Familie und Freunde gefragt, ob sie sich die Website einmal genau ansehen und durchklicken. Meine Helfer sollten auch die Texte auf der Website lesen und auf eventuelle Schusselfehler hinweisen, sich einmal komplett durch die Website klicken, Verlinkungen prüfen und generell darauf achten, ob irgendwo etwas nicht

funktioniert. Vier (oder in meinem Fall acht) Paar Augen sehen nun einmal mehr als zwei.

Wenn die Website live ist
Und zu guter Letzt noch ein Tipp von mir auf lange Sicht: Man sollte immer wieder mal einen prüfenden Blick auf die eigene Website werfen und einen Sicherheitscheck durchführen. Müssen Inhalte angepasst werden, zum Beispiel wenn sich am Angebot etwas ändert? Klappt technisch noch alles (Verlinkungen, Ladezeiten von Bildern etc.)? Spiegeln die Inhalte der Website das Unternehmen noch wider? Es schadet nicht, ab und an frischen Wind auf die Website zu bringen.

Online-Status: Sinn und Zweck von Social Media

Social Media dient in der Selbstständigkeit vielerlei Zwecken: Marketing, Networking, Inspiration und natürlich auch mal den kleinen Pausen zwischendurch. Welche Social-Media-Kanäle tatsächlich für das eigene Business sinnvoll sind, ist eine individuelle Frage, die jeder für sich selbst beantworten muss. Auswahl hat man genug: Facebook, Instagram, Twitter, XING, LinkedIn, Tiktok – und was in Zukunft eben noch aus der Digitalwelt gestampft wird. Im ersten Schritt sollte man sich die Frage stellen, welche Ziele man mit Social Media verfolgt und wo sich die Zielgruppe aufhält, die man erreichen möchte. Persönlicher Geschmack spielt meiner Meinung nach auch eine Rolle – denn man muss sich mit und auf dem Kanal schließlich wohlfühlen, um authentisch zu sein.

Ich hatte 2017 mit einer Facebook-Unternehmensseite gestartet, auf die man auch über meine Website gelangte. Weiterhin ist mein berufliches Profil auf XING und LinkedIn zu finden. Die jeweiligen Profile habe ich zuvor bearbeitet und optimiert hinsichtlich Angebotsinformationen, Website-Links und Impressum – Letzteres braucht man übrigens als Unternehmer auch auf Social Media. Im Sommer 2018 kam als weiterer Kanal Instagram hinzu. Darüber hinaus bloggte ich auf meiner Website von Anfang an zu den Themen Selbstständigkeit und Karriere.

> Auch auf Social Media besteht eine Impressumspflicht, wenn das Profil für geschäftliche Zwecke genutzt wird.

Weitere Social-Media-Kanäle nutzte ich nicht. Zum einen aus persönlichen Gründen (mir sagt nicht jeder Kanal zu) und zum anderen aus Zeitgründen – schließlich muss jeder Kanal bespielt werden (nicht umsonst ist Social-Media-Manager ein Beruf für sich).

Facebook, XING und LinkedIn nutzte ich sowohl für die Akquise als auch für Marketingzwecke: Ich durchstöberte regelmäßig die dortigen Texter-Gruppen nach Aufträgen und warb auf meiner Unternehmensseite bzw. auf meinen Profilen für die Blogbeiträge, die ich veröffentlichte. Mit Instagram habe ich 2018 verhältnismäßig spät begonnen, es aber letztendlich auch ausprobiert. Für mich diente Instagram jedoch eher der Inspiration und dem Networking als der eigentlichen Kundengewinnung. Ich war dort mit vielen anderen Textern und Content-Kreatoren verknüpft und bekam über diesen Kanal nebenher mit, was sich in der Branche so tut. Auch hier warb ich für meine Blogbeiträge und präsentierte mein Leben als Freiberufler.

Wer auf Social Media Erfolg (also Reichweite) haben will, benötigt eine Strategie: Was will ich auf den Kanälen zeigen? In welchen zeitlichen Abständen? Als Post oder als Story? Wann und wie plane ich meinen Content? Ich gebe offen zu, dass ich eine solche Strategie mehr schlecht als recht verfolgt hatte. Ich habe zeitweise einmal pro Woche einen Blogbeitrag veröffentlicht und entsprechend auf allen Kanälen dafür geworben. Doch sobald die Auftragslage nach oben ging, mussten meine Social-Media-Aktivitäten den „richtigen" Jobs weichen – entweder weil ich keine Zeit hatte, Content zu produzieren, oder weil ich nicht einmal Zeit hatte, überhaupt neuen Content zu planen.

Eine konsequente Vorgehensweise wäre in diesem Moment sicherlich besser gewesen, jedoch waren diese Schwankungen für mich immer okay und als Freiberufler sollte man sich sowieso mit dem Gedanken anfreunden, dass nicht immer alles nach Plan läuft. Manchmal hatte ich Leerlauf, also weniger Aufträge, und konnte viele eigene Blogbeiträge vorproduzieren und die Veröffentlichungen auch entsprechend planen und einstellen. In anderen Phasen mussten die sozialen Medien eben warten.

Wer das Geld, wenig Lust auf Social Media, aber Interesse an regelmäßigen Marketingaktivitäten hat, hat immer noch die Möglichkeit, dieses To-do komplett auszulagern – an virtuelle Assistenten oder eben spezialisierte Social-Media-Manager. Social Media ist – und diese Information ist nicht neu – eine Welt für sich mit ihren eigenen (sich immer wieder ändernden) Regeln. Aber wie viel und in welcher Form und Intensität man mitspielt, sollte jeder für sich allein entscheiden – solange man im Gespräch bleibt.

Kreativ vorausplanen: Warum sich die Mühe für einen Marketingplan lohnt

Als die Planung meiner Selbstständigkeit begann – ein Alltag bestehend aus Bürokratie, Coaching, Arbeit, Businessplan und noch mehr Bürokratie – traf ich an einem gewissen Punkt logischerweise auf das Thema Marketing bzw. Marketingplan. Dieser ist ein wichtiger Bestandteil des Businessplans und enthält, wie der Name bereits sagt, sämtliche Marketingaktivitäten für ein ganzes Jahr. Zumindest gibt er dahingehend eine Richtung vor. Wie möchte man Marketing betreiben? Auf welchen Kanälen? Und welche Maßnahmen gehören dazu? Einen umfangreichen Marketingplan für zwölf Monate aufzustellen, erfordert viel Recherche, einen gewissen Weitblick, aber auch Kreativität. Wie genau bin ich dabei vorgegangen? Auch das erfährst du in den folgenden Punkten.

In welcher Form lege ich einen Marketingplan an?
Ich war immer ein Fan von Stift und Papier. Jedoch sollte man sich aus einem ganz bestimmten Grund für ein flexibleres Excelsheet entscheiden: Der Marketingplan (so detailliert er auch ist) wird nicht in seiner Erstform bleiben, sondern sich im Laufe des Geschäftsjahres stetig ändern. Aber keine Sorge. Warum seine Vorbereitung trotzdem nicht umsonst ist, verrate ich noch.

Erstelle am besten eine Tabelle, die in der ersten Zeile die verschiedenen Quartale aufzeigt (eine Spalte pro Quartal) und in der zweiten alle zwölf Monate (eine Spalte pro Monat). Arbeite ruhig farblich für den Überblick. Die nächsten Zeilen unterteilst du in die verschiedenen Marketingaktivitäten (für jede eine neue Zeile in der ersten Spalte ganz links), auf die ich im nächsten Punkt zu sprechen komme.

Was sind die wichtigsten Bestandteile eines Marketingplans?
In meinem Fall habe ich sämtliche Marketing- und Akquiseaktivitäten in den Plan integriert, die ich 2018 verfolgen wollte. Inhaltliche Bestandteile waren demnach Blog, Social Media, Messebesuche, Events in Frankfurt und im Rhein-Main-Gebiet, Akquise und Bewerbungen sowie Newsletter. Sobald du für alle Kanäle, Instrumente, Methoden etc. die entsprechenden Zeilen eingefügt hast, beginnst du, Schritt für Schritt den Plan auszufüllen. Besuchst du zum Beispiel im August eine wichtige Messe und musst kleine Werbegeschenke besorgen oder Social-Media-Posts vorbereiten? Planst du eine spezielle Aktion zu einem bestimmten Ereignis (zum Beispiel Valentinstag, Ostern, Fußball-Weltmeisterschaft etc.)? Mit der Zeit hast du so für jeden Monat des kommenden Jahres bereits eine Vorstellung davon, was wann zu tun ist.

Wie arbeite ich mit dem Marketingplan?
Du merkst es schon: Am Anfang steht die intensive Recherche. Die Zeilen für meinen Blog und Social Media hatte ich recht schnell voll, da ich mir bereits vorab einige Ideen für mögliche Beiträge notiert hatte. Außerdem habe ich bei der Content-Planung immer Aspekte wie Jahreszeiten, Feiertage oder besondere Events beachtet, wie zum Beispiel das wohl jedem bekannte Weihnachtsmailing. Darüber hinaus habe ich Messen und Veranstaltungen herausgesucht, die für mich interessant sein könnten. Ich würde natürlich nicht auf alle gehen können, aber es hilft immer, zu wissen, wann welches Event stattfindet – um sich die Möglichkeit auch kurzfristig offenhalten oder akquisetechnisch nutzen zu können. Apropos Akquise: Ich führte zwar eine extra Kunden-/Leads-Tabelle, jedoch vermerkte ich mir auch im Marketingplan die Anzahl meiner neuen Kontakte und Bewerbungen pro Monat. Und sei es nur, um zu sehen, dass es mit der Selbstständigkeit vorangeht.

Worin liegt der Nutzen eines Marketingplans? Mal abgesehen von der transparenten Übersicht der Marketingaktivitäten hast du mit solch einem detaillierten Plan den Vorteil, dass du nicht jeden Monat bei null anfängst. Wie bereits erwähnt: Der Plan wird sich andauernd ändern. Du wirst neue Ideen haben und die Aktivitäten entsprechend verschieben. Zum Beispiel machten bei mir einmal zwei eigentlich geplante Blogbeiträge Platz für Gründerstories, die ich kurzfristig in Interviewform führen und veröffentlichen konnte. Verloren waren die anderen Beiträge jedoch nicht, denn sie folgten einfach ein paar Wochen später. Fakt ist: Der Marketingplan ist immer gefüllt, du bleibst am Ball und kümmerst dich stetig um deine Reichweite. Zudem kannst du viele To-dos aus dem Marketingplan ableiten: Wann muss welcher Blogbeitrag fertig sein? Erstelle ich schon die Posts für den nächsten Monat? Steht ein Messebesuch an, für den ich mich vorbereiten muss? Viele Aufgaben ergeben sich ganz einfach, indem man sie aus dem Marketingplan abliest.

Plädoyer für straffes Zeitmanagement: In der Gründungsphase nicht den Kopf verlieren

„Du arbeitest bald selbst und ständig." Diesen Satz hörte ich sehr oft nach meiner Kündigung. Meist war es einfach ein Necken. Manchmal aber auch die klassische Methode, Skepsis hinter einem Scherz zu verbergen. „Willst du das wirklich?", „Das ist ein großer Schritt!", und „Um was du dich da alles kümmern musst!" waren die Sätze, die eigentlich hinter dieser Aussage steckten.

Mein Eindruck ist, dass – neben dem Sicherheitsaspekt – viele von der Selbstständigkeit schon deshalb absehen, weil sie sich den Organisationsaufwand und die Verantwortung nicht zutrauen. Ist ja auch nicht jedermanns Sache. Und doch: Ob nun Chaot oder Systematiker – mit dem richtigen Zeitmanagement ist das Selbstständig-Machen gar nicht so schwierig.

Hierzu eine kleine Story
Es war einmal eine Redakteurin, die gerade ihre Kündigung eingereicht hatte, um in die Freiberuflichkeit zu starten. Den großen Einschnitt, den dieser Schritt in ihrem Leben machte, konnte sie in dem Moment noch gar nicht wahrnehmen, denn das aufregend-schöne „Jetzt geht's los" wich direkt einer überfüllten To-do-Liste: beim Arbeitsamt anrufen, Sachen mit dem Finanzamt klären, Website-Konzept erstellen, Texte für Website schreiben, Social-Media-Auftritt planen, am Wochenende das interessante Gründerevent besuchen, Geschäftskonto eröffnen, Versicherungsrecherche, Probeartikel schreiben ... oh und da war ja auch noch die IT!

Einige Tage lang rotierte sie so vor sich hin, begann die Recherche zu einem Thema, während ihr das nächste schon im Hinterkopf herumspukte. Und das nächste. Und das nächste. Und am besten musste sie alles gleichzeitig erledigen. *Jetzt sofort!* So konnte das allerdings nicht funktionieren.

Wie könnte diese Story also positiv enden?

Monats-, Wochen-, und Tagespläne gegen das Rotieren
Immer, wenn es mir zu viel wurde, griff ich wieder zu Stift und Papier. Vor allem ganz am Anfang hat es mir geholfen, alles aus dem Kopf zu kriegen, was mich in den nächsten Monaten erwartete – von diversen Meldungen bei Ämtern über die Homeoffice-Einrichtung bis zur Themenplanung für Probeartikel. Ich erstellte damals drei Spalten für die folgenden drei Monate – die Zeit, die mir zur Verfügung stand, bis ich in die Selbstständigkeit startete – und ordnete meine To-dos den Monaten zu: Was muss ich wirklich sofort erledigen? Wo liegen welche Fristen? Was hat womöglich noch zwölf Wochen Zeit? Was hat eine lange Vorlaufzeit? Indem ich diese Monatspläne erstellte, lüftete ich nicht nur meinen Kopf, sondern wusste ab diesem Moment genau, was wann zu tun war. Und konnte mich daran entlanghangeln, ohne die Nerven zu verlieren (na ja, zumindest meistens!).

Diese Pläne habe ich dann auf die einzelnen Wochen heruntergebrochen: Was von den Dingen in diesem Monat sollte ich direkt erledigen? Was davon am Ende des Monats? Aus diesen Wochenplänen wiederum wurden automatisch Tagespläne. Was für die einen nach

Überorganisation klingt, hatte System und wirkte für mich persönlich als Sicherheitsnetz und Stressreduktion: Ich vergaß nichts. Ich hatte alle Fristen im Blick. Und auch, wenn ich nicht immer alles so perfekt einhalten konnte wie gewünscht (da eben noch andere Faktoren in der Gründungsphase mitspielen als die eigene Planung), hatte ich das Gefühl, die Kontrolle über alles zu haben. Und das Beste: Eine ellenlange To-do-Liste, auf der am Monatsende nichts mehr übrig ist, gibt dir ein verdammt gutes Gefühl – inklusive neuer Motivation für die nächsten vier Wochen.

Jeder hat sein eigenes System. Manchen reicht ein kleiner Kalendereintrag. Andere kleben sich ihren Screen mit Post-its voll, bis sie darauf nichts mehr sehen können. Aber ich empfehle jedem, der sich selbstständig machen möchte, sich irgendeine Art von Zeitplanungs- und Organisationsmethode zu schaffen, die dafür sorgt, dass alles fristgerecht abläuft.

Übrigens: Pause muss sein
Meine Pausen(tage) habe ich übrigens genauso eingeplant wie die zu erledigende Arbeit. Und ich habe sie immer eingehalten. Theoretisch hätte ich die ersten Monate meiner Selbstständigkeit nonstop durcharbeiten können. Aber: Die Selbstständigkeit erfordert ein intelligentes Haushalten mit der eigenen Energie, wenn sie langfristig funktionieren soll. Auch dafür eignen sich solche Übersichtspläne. Sie zeigen nämlich, dass man zwar „selbst" und durchaus sehr viel, aber eben nicht „ständig" arbeiten muss.

Mittendrin: Das Leben als Freelancer

Inhaltsverzeichnis

Mein Tagesablauf als Freelancer: Lerche oder Eule? 35
Durchhalten ist angesagt: Warum Akquise einen langen Atem erfordert . . 37
Erprobt und erwiesen: Tipps für das erfolgreiche Kundengespräch 40
Freelancer-Mindset: Vier Säulen für gute Kundenbeziehungen 43
Networking: Warum sich Freelancer blicken lassen sollten. 45
Praktische Helfer: Diese IT und Tools habe ich als Freiberufler genutzt . . . 47
Stundensatz & Co.: Wie und was verdienen Freelancer? 49
Zahlen, Tabellen und Umsätze: So funktioniert die Buchhaltung 51
Die verdammte Muse: Acht Tipps für mehr Kreativität 56
Motivation: Keine Sorge, wenn sie mal kurz verloren geht 59
Alles auf einmal geht nicht: Priorisieren als Freelancer-Kompetenz 61

Mein Tagesablauf als Freelancer: Lerche oder Eule?

Das Positive am Freiberuflerleben ist, dass man nach seinem ganz eigenen, individuellen Rhythmus leben und kreative Phasen ideal ausnutzen kann – und weniger kreative Phasen eben für andere Dinge.

Mein Alltag als Freiberufler war deshalb nicht nur (trotz viel Arbeit) entspannter, sondern vor allem auch effizienter.

Da ich nicht gerade zu den frühen Lerchen gehöre, stand ich zumeist gegen 8:30 Uhr auf. Der erste Weg führte direkt in die Küche, wo ich mir den ersten Kaffee oder Ingwertee des Tages zubereitete. Zeitgleich fuhr ich den PC hoch, öffnete das Fenster und prüfte anschließend die ersten E-Mails. Bevor es dann mit den richtigen Aufgaben des Tages losging, scrollte ich meist noch einmal fünf Minuten durch Instagram – auch wenn ich etliche Male versucht habe, den Tag nicht mit einem Social-Media-Kanal zu starten. Irgendwie gehörte es zu meinem Morgenritual dazu.

Die ersten zwei Stunden am Schreibtisch arbeitete ich tatsächlich oft noch in meinen Schlafsachen – natürlich nur, sofern kein Webmeeting anstand, bei dem man mich sehen konnte. In dem Fall sah ich natürlich präsentabler aus – und das nicht nur obenrum (wer weiß, ob man während des Meetings nicht doch einmal aufstehen muss). Das Bild von mir mit strubbeligem Dutt, gepunkteter Schlafhose und Strickpulli am Morgen mag vielleicht nicht sehr professionell klingen, jedoch gab es mir immer ein gutes Gefühl, morgens direkt ohne Umschweife in den Tag zu starten und die wichtigsten Aufgaben zu erledigen. Sobald ich die erste Runde abgearbeitet hatte, machte ich zumeist zwischen 12 Uhr und 12:30 Uhr die erste Pause. Oft nutzte ich diese für ein kurzes Workout, zum Fertigmachen im Bad oder zum Kochen. Manchmal verband ich auch den Wocheneinkauf mit der Mittagspause und machte dabei automatisch einen kleinen Spaziergang, der mich wieder fit für die zweite Arbeitsrunde machte. Und das war oft notwendig, da zwischen 14 und 16 Uhr selten meine kreative Hochphase war. Manchmal startete ich auch erst wieder gegen 14:30 Uhr, wenn das Mittagstief überwunden war, und saß dann eben abends einen Augenblick länger – meine Konzentration und Leistungsfähigkeit waren zwischen 16 und 18:30 Uhr sowieso noch einmal in Höchstform. Ich versuchte immer, mich zwischen 18:30 und 19 Uhr von der Arbeit loszueisen, obwohl ich manchmal sogar noch Lust gehabt hätte, weiterzuarbeiten. Jedoch bekam es aber auch mir als Typ Eule – und vor allem meinem Schlafrhythmus – nicht, wenn ich abends zu lange an Projekten saß. Deshalb war ab allerspätestens 19 Uhr Schicht im

Schacht und ich war dann in dieser Zeit auch nicht mehr erreichbar für Kunden. Dahingehend war ich von Anfang an konsequent. Der Feierabend gehörte mir oder Freunden, sei es beim gemeinsamen Weintrinken, am Main in der Sonne oder einfach bei mir allein zum Netflixen. Wie man sieht, war mein Freelancer-Alltag einerseits lockerer und freier als der eines Festangestellten, in Vor-Corona-Zeiten, andererseits aber trotzdem sehr strukturiert.

Übrigens möchte ich schon lange die Regel einführen, ab spätestens 21:30 Uhr auch auf kein Handy mehr zu schauen. Ein Ziel, das ich noch nicht erreicht habe, aber das kann ja noch werden.

Durchhalten ist angesagt: Warum Akquise einen langen Atem erfordert

Unter Akquise versteht man die Gewinnung von neuen Kunden – und ohne diesen Prozess funktioniert wohl kein Geschäft, vor allem nicht an dessen Anfang. Oft wurde ich gefragt, wie ich überhaupt zu meinen Kunden gekommen bin. In meinem Fall war es eine gute Mischung aus:

1. Zufallsbegegnungen auf Messen und Gründerevents
2. Social-Media-Aktivitäten (gezieltes Marketing und Kontakte über Texter-Gruppen in XING & Co.)
3. Gezielte Bewerbungen auf Projekte
4. Aufträge durch ehemalige Arbeitgeber
5. Weiterempfehlungen durch Bekannte und bestehende Kunden
6. Ich wurde über Google oder auch meine Social-Media-Profile von Kunden gefunden

Im Idealfall muss man sich seine Kunden nicht suchen, sondern wird von diesen gefunden. Jedoch ist dies, wenn man gerade erst in den Babyschuhen der Selbstständigkeit steckt, zwar möglich, aber nicht der Regelfall.

Deshalb wurde auch ich 2018 aktiv: Ich besuchte in den ersten Monaten unter anderem einige Gründermessen und Gründerevents, um mir ein Netzwerk aufzubauen und an den dortigen Seminaren zu Gründerthemen teilzunehmen. Und während meiner ersten Gründermesse fand ich durch Zufall sogar meinen ersten Kunden – in der Kaffeepause. Wir standen zufällig gemeinsam an einem Tisch, tranken unseren Kaffee und fanden dabei schnell heraus, dass wir beide neu in der Gründerbranche sind. Und wie es der Zufall so wollte, suchte ich Kunden aus der IT-Branche und er eine Texterin für die ersten Marketingunterlagen seines IT-Unternehmens. Diesem Kunden (meinem immerhin allerersten) schicke ich übrigens fortan, selbst als die Zusammenarbeit nicht mehr fortgeführt wurde (er hatte später eine größere Agentur mit einem Rundum-Paket beauftragt), immer eine Weihnachtskarte.

Weitere Kunden gewann ich durch meine Social-Media-Präsenz als Unternehmerin auf Facebook, XING und LinkedIn. Einerseits wurde ich dort von Kunden gefunden und gezielt angeschrieben, andererseits habe ich mich auf diesen Plattformen bei einigen Texter-Gruppen angemeldet, in denen täglich mehrere Projektaufträge ausgeschrieben wurden und für die man sich bewerben konnte. Mitglieder dieser Gruppen sind sowohl Texter, die Aufträge weitergeben, für die sie selbst keine Zeit haben, als auch Auftraggeber, die gezielt Texter suchen. Auch hierüber hatte ich Kunden gewonnen, die langfristig bei mir geblieben sind.

Weiterhin kamen Unternehmen auf mich zu, die mich noch über Praktika oder frühere Aufträge kannten und wieder mit mir arbeiten wollten. Zusätzlich recherchierte ich nach passenden Projektausschreibungen von Agenturen und Unternehmen und stellte mich per schriftlicher Bewerbung bei diesen vor. Auch hierbei ist das ein oder andere Vorstellungsgespräch und Projekt für mich herausgesprungen.

Doch Achtung: Kaltakquise ist (in den meisten Fällen) per Gesetz verboten! Um Privatpersonen zu kontaktieren (ob nun über Telefon, E-Mail oder andere elektronische Wege), ist deren vorherige Einwilligung erforderlich. Auch bei Unternehmen darf man sich nicht einfach so für die Kundengewinnung melden, hier lässt das Gesetz aber mehr Spielraum zu. Informiere dich also über die aktuelle gesetzliche Lage, bevor du potenzielle Kunden kontaktierst.

> Kaltakquise ist per Gesetz verboten. Es gibt aber Spielraum für Unternehmenskunden. Informiere dich in jedem Fall über die aktuelle rechtliche Lage.

Kleine Anmerkung zu Texterforen: Jeder mag auf seine Weise sein Business zum Laufen kriegen, jedoch habe ich Texterforen von Anfang an gemieden. Mein Hauptgrund war, dass die meisten Aufträge dort per Wortpreis abgerechnet wurden, dadurch unterbezahlt waren und ein Verlustgeschäft für mich gewesen wären. Außerdem war es immer mein Ziel, mich nicht von Kleinprojekt zu Kleinprojekt zu hangeln, sondern langfristige und stabile Kundenbeziehungen aufzubauen – und das vor allem zu einem Preis, von dem ich leben konnte. Dabei sollte man jedoch immer im Hinterkopf behalten:

> **Um eine sogenannte Scheinselbstständigkeit zu vermeiden, sollte man immer für mehrere Auftraggeber gleichzeitig arbeiten. Auf keinen Fall sollte man dauerhaft nur für einen einzigen Kunden tätig sein.**

Das Schöne und Schreckliche an der Akquise ist, dass es sich wie Fortschritt und Stillstand zugleich anfühlen kann. Zumindest war dies mein Empfinden in den ersten Monaten. Täglich hielt ich Ausschau nach Projekten und Möglichkeiten, streute meinen Namen, bewarb mich, durchstöberte die Texter-Gruppen und Social Media. Der Prozess war teilweise zäh, jedoch wusste ich, dass der Ball irgendwann so richtig ins Rollen kommen würde, wenn ich nur lange genug dranbleiben würde. In den ersten Monaten hatte ich die ersten kleinen Aufträge, viele Gespräche mit potenziellen Kunden, Erfolge, aber auch Niederlagen. Durchhalten hieß in jedem Fall die Devise. Das erste Jahr war ein Anlaufjahr. Und es war sehr wichtig, dass ich jeden noch so kleinen Erfolg feierte. Denn Fakt war, dass es immer besser lief und voranging, auch wenn ich es gerne etwas schneller gehabt hätte.

Aber schließlich rollte der Ball – sogar schneller, als ich schauen konnte. Und bis März 2020 war ich fast durchgehend ausgebucht und bekam zeitweise mehr Anfragen, als ich überhaupt annehmen konnte. Hinzu kam, dass ich diese Projekte nicht suchen musste, sondern fast alle Anfragen von allein in meinen Posteingang flatterten. In einer Hochphase betreute ich acht Projekte zeitgleich – übrigens etwas, das ich als Freiberufler nicht noch einmal machen würde, da Quantität nie über Qualität gehen sollte. Gleichzeitig musste ich Projekte ablehnen, die in die gleiche Zeit fielen. Ich freute mich und war stolz, rotierte aber gleichzeitig, um alles zu schaffen, und musste mir zwangsläufig die Frage stellen, wie es weitergehen sollte. Sollte ich jemanden einstellen, wenn das so weiterginge? Sollte ich allein bleiben und eben nur so viele Projekte annehmen, wie ich auch tatsächlich umsetzen konnte? Diese Fragen waren jedoch ein Luxusproblem. Mit der gezielten Akquise musste ich erst wieder richtig loslegen, als die Corona-Krise begann. Dies ist jedoch ein Kapitel für sich.

Erprobt und erwiesen: Tipps für das erfolgreiche Kundengespräch

Ob nun Projektanfrage, Erstgespräch oder Input-Call – beim Kundengespräch gilt immer, Professionalität an den Tag zu legen. Wie ein Gespräch ablaufen und die Kundenbeziehung insgesamt aussehen wird, lässt sich natürlich nicht zu 100 % voraussagen und hängt von vielen unterschiedlichen Faktoren ab. Jedoch gibt es für ein erfolgreiches Kundengespräch den ein oder anderen Tipp, den ich grundsätzlich jedem an die Hand geben möchte.

Das Erstgespräch mit potenziellen Neukunden

Im Grunde habe ich mich auf die Vorstellung bei einem potenziellen neuen Kunden genauso vorbereitet wie früher auf Vorstellungsgespräche – denn im Kern ist es das Gleiche. Man trifft sich, um über das geplante Projekt und Konditionen zu sprechen, aber eben auch (oder eher vor allem), um sich kennenzulernen und herauszufinden, ob eine langfristige Zusammenarbeit gelingen kann. Hier geht es wie in jeder Beziehung auch um Chemie und Harmonie. Hat man zum Beispiel ähnliche Arbeitsweisen? Sind die Projektziele für beide Seiten nachvollziehbar? „Versteht" man sich wortwörtlich? Dies sind Fragen, die man sich während des Erstgesprächs beantworten sollte. Damit das Gespräch so reibungslos wie möglich abläuft, empfehle ich, die folgenden Tipps bei der Vorbereitung zu berücksichtigen:

a. Die Website des Unternehmens prüfen: Was genau macht das Unternehmen? Gibt es eine bestimmte Unternehmensphilosophie? Welche Werte und Ziele verfolgt das Unternehmen? Welche Kunden und Projekte sind hervorgehoben? Wer wären die Ansprechpartner und welche Position haben sie in dem Unternehmen inne?
b. Marketingauftritt ansehen: Dies ist vor allem für Texter und andere Kreative wichtig. Hat das Unternehmen zum Beispiel einen Blog? Wenn ja, welche Themen spielen da eine Rolle? Auf welchen Social-Media-Kanälen ist das Unternehmen vertreten? Und auf welchen anderen Plattformen?
c. Fragen vorbereiten: Wenn man bereits grob weiß, in welche Richtung das Projekt gehen oder welche Textform genau umgesetzt werden soll, empfiehlt es sich, die entsprechenden Fragen dazu schon vorzubereiten. Doch Vorsicht: Hier geht es noch nicht um die Detailplanung eines Projekts – schließlich ist zum Zeitpunkt des Erstgesprächs noch kein verbindlicher Vertrag mit dem Kunden abgeschlossen. Hier geht es eher um Fragen, die für die Angebotserstellung wichtig sind, wie zum Beispiel nach dem verfügbaren Budget (vor allem relevant bei großen Projekten wie Websites oder E-Books), die Art des Briefings (telefonisch vs. schriftlich) oder aber die Zeitplanung des Unternehmens, also die angepeilte Deadline für das Projekt.
d. Wie vor jedem wichtigen Termin sollte man sich die relevanten Informationen rechtzeitig zusammensuchen und abspeichern: Falls das Erstgespräch im Rahmen eines persönlichen Treffens stattfindet, notiere rechtzeitig die Adresse des Treffpunkts und prüfe Fahrtweg, ÖPNV-Verbindung und Fahrtzeit. Speichere für alle Fälle die Nummer des Interessenten in deinem Handy ab. Sollte das Erstgespräch ein Webmeeting sein, schadet es je nach genutzter Plattform nicht, einen kurzen Test zu machen, ob auch alles funktioniert.

Nach dem Gespräch: Am Ende eines Erstgesprächs sollte man das weitere Vorgehen vereinbaren. Brauchen beide Seiten noch Bedenkzeit?

Oder kann es direkt mit der Angebotserstellung weitergehen? Kläre den Interessenten auf jeden Fall darüber auf, wann er diesbezüglich mit einer Rückmeldung von deiner Seite rechnen kann. Zudem sollte man dem Kunden spätestens einen Tag später eine E-Mail senden, in der man sich für das Gespräch bedankt und in der man die besprochenen Ergebnisse des Erstgesprächs noch einmal kurz zusammenfasst.

Das Input-Gespräch mit dem Kunden
Ist das Angebot durch und vom Interessenten angenommen, folgt schon bald das Input-Gespräch mit dem neuen Kunden. Dafür gilt immer: Je mehr Informationen direkt am Anfang vorliegen, umso besser. Ein detailliertes Briefing erhöht die Chance, dass das Projekt effizient und reibungslos über die Bühne geht. Deswegen empfehle ich an diesem Punkt eine umfassende Vorbereitung, in die man den Kunden direkt mit einbezieht:

a. Alle Informationen sammeln: Welches Material liegt schon vor? Welches wird noch benötigt? Verschaffe dir einen Überblick darüber, was du schon hast und was dir der Kunde noch beantworten oder weiterleiten muss, damit du das Projekt abarbeiten kannst.

b. Fragenkataloge an den Kunden senden: Wenn es um große Projekte ging, wie zum Beispiel eine komplette Website-Überarbeitung bzw. -Erstellung oder die Erstellung eines E-Books, habe ich immer mit Fragenkatalogen gearbeitet, die der Kunde mir im Idealfall vor dem Gespräch ausfüllt oder direkt im Gespräch beantwortet. Dafür habe ich Vorlagen erstellt, die ich je nach Kunde einfach nur noch angepasst habe.

c. Sobald das Input-Gespräch beendet ist, gilt es ebenfalls, die nächsten Schritte, Aufgaben und einen zeitlichen Rahmen festzulegen. So wissen beide Parteien, welche Verantwortlichkeiten auf welcher Seite liegen.

Deine Rolle als Dienstleister in Input-Gesprächen
Manche Kunden wissen ganz genau, was sie wollen, und haben Erfahrung mit PR-Arbeit. Für andere wiederum ist das Neuland. In letzterem Fall hast du als Dienstleister beim Input-Call eine anleitende

Funktion. Erkläre dem Kunden also transparent, welche Schritte und Informationen für das Projekt wichtig sind – und vor allem, warum das so ist. Je besser er deine Arbeitsweise nachvollziehen kann, umso größer wird das Kundenvertrauen am Ende sein.

Freelancer-Mindset: Vier Säulen für gute Kundenbeziehungen

Als freiberufliche Texterin haute ich ordentlich in die Tasten, strukturierte, konzipierte und korrigierte – Wörter, Sätze, Passagen und Überschriften. Doch ich war gleichzeitig Projektmanagerin und Beraterin, sowohl vor einem Projekt als auch währenddessen. Was bei diesen Rollen besonders wichtig ist und warum das für mich die Basis für erfolgreiche Projekte und Kundenbeziehungen darstellte, erläutere ich in den folgenden Absätzen.

1. Beratung

Eine Kundenbeziehung beginnt wie jede andere Beziehung mit einem ersten Kontakt, sei es das zufällige Treffen auf einer Gründermesse oder eine E-Mail. Zumeist folgt darauf ein Kennenlern-Telefonat, bei dem sich beide Parteien konkreter vorstellen (Was bieten wir an? Was ist unser Ziel? etc.) und darüber sprechen, wie eine zukünftige Zusammenarbeit aussehen könnte. Ich nehme bereits in dieser Vorphase die Rolle des beratenden Textprojektmanagers ein und versuche, anleitend zu agieren. Mit „anleitend" meine ich natürlich nicht, dass ich die Erläuterungen und Wünsche des Kunden überfahre, sondern dass ich bereits seinen ersten Projektvorstellungen eine mögliche Struktur und Richtung gebe: Der Kunde benötigt eine neue Website? Dann zeige ich ihm die (groben) Schritte auf, die dafür nötig wären. Er möchte ein neues Produkt vorstellen und hat bereits Textmaterial gesammelt? Dann erläutere ich ihm, welche Textformen sich an dieser Stelle anbieten würden. Aber Vorsicht: Beim Erstgespräch sollte man nur grob abstecken, wie sich ein gemeinsames Projekt gestalten könnte, es sollte in keiner Detailplanung enden – schließlich bist du offiziell noch gar nicht beauftragt. Vorrangiges Ziel eines Erstgesprächs ist es herauszufinden, ob man zusammenpasst – und dazu zählen nicht nur Sympathien, sondern auch Umsetzungswünsche und Arbeitsweisen. Je mehr diese harmonieren, umso erfolgreicher wird ein gemeinsames Projekt verlaufen.

2. Informationsbasis

Es kommt zu einer Zusammenarbeit? Prima! Nun gilt es, umfassende Vorarbeit zu leisten. Und ich erkläre meinen Kunden auch immer den Grund dafür. Je mehr Informationen und Material ich zu Beginn vorliegen habe, umso effektiver kann ich Texte für meine Kunden erstellen – und das wiederum spart Bearbeitungszeit und Korrekturschleifen auf beiden Seiten. Bei einem Website-Projekt zum Beispiel erhalten meine Kunden einen ausführlichen Fragenkatalog zu Struktur, vorliegendem Material und gewünschter Tonalität, damit ich dies von Anfang an berücksichtigen kann. Ich berate meine Kunden immer vollständig und umfassend, was konkret bedeutet: Welche Textformen sind möglich? In welche einzelnen Schritte sollte man das Projekt unterteilen? Welche Vorgehensweise würde ich dabei empfehlen und wieso? Was sind die Vor- und Nachteile verschiedener Vorgehensweisen? Wo sind Rücksprachen notwendig? Mein Ziel ist ein möglichst effizienter Projektverlauf und dafür sind vollständige Basisinformationen unerlässlich.

3. Transparenz

Meiner Meinung nach ist Transparenz das A und O für vertrauensvolle Kundenbeziehungen. Das beginnt bei der ersten Beratung und geht über die Projektumsetzung bis zur Rechnungsstellung. Wenn ich Texte erstelle, dann fast nie ohne erläuternde Kommentare oder eine kurze Erklärung per E-Mail. Warum bin ich manche Passagen so angegangen? Welche Rückfragen müssen wir noch klären? Welche Alternativen ergeben sich zum Beispiel bei Überschriften, sollten diese notwendig sein? So erhält der Kunde nicht nur einen genauen Einblick in mein Tun, sondern weiß auch, welche Schritte als Nächstes folgen. In der Rechnung wiederum schreibe ich nicht einfach „Website-Erstellung" als Posten auf, sondern teile dies in die besprochenen Schritte wie „Keyword-Recherche/Recherche", „Texterstellung" oder „Rücksprache/Feedbackschleife" auf.

Durch stetige Transparenz zeigt man dem Kunden, dass das Projekt in guten Händen ist, und schafft somit Vertrauen.

4. Konsistenz und Verantwortungsbewusstsein
Wie bereits am Anfang erwähnt, sehe ich mich nicht nur als Texter, sondern auch als Textprojektmanager. Das bedeutet, dass ich Verantwortung für die Umsetzung des Projekts übernehme und dementsprechend konsistent arbeite. Dazu zählen auch die regelmäßigen Rückfragen beim Kunden, sollte eine Korrektur auf deren Seite liegen oder es an einem bestimmten Projektschritt haken. Ich versuche, das Projekt voranzubringen, aber natürlich ohne Druck auszuüben – denn am Ende entscheidet der Kunde, ob sich das Timing ändert. Trotzdem ist mir als Dienstleister besonders wichtig, dass mein Kunde mit seinem Projekt erfolgreich an sein Ziel gelangt – und dafür bin ich immer wieder präsent für ihn.

Diese vier Säulen bilden meiner Meinung nach zusammen das Gerüst für erfolgreiche Projekte und zufriedene Kunde – was nicht zuletzt zu Kundenvertrauen und Kundentreue führen kann.

Networking: Warum sich Freelancer blicken lassen sollten

Dass Networking alles ist, hat wohl jeder schon einmal so oder so ähnlich gehört. Vor allem als Freelancer. Ich würde jetzt nicht behaupten, dass es „alles" ist, aber es macht einen sehr wichtigen Teil der Selbstständigkeit aus. Oft wurde ich gefragt, ob das ständige Netzwerken nicht anstrengend sei. Und ja, manchmal erfordert es eine gewisse Energie, sich regelmäßig auf Events selbst zu präsentieren. Aber dabei sollte man das mit dem „Präsentieren" nicht so verbissen sehen. Meist genügt schon ein „Hallo, da wir schon einmal zusammenstehen, was machen Sie?", um ins lockere Gespräch zu kommen. So habe ich wie bereits erwähnt meinen ersten Kunden gewonnen. Und überhaupt kann ich dem Besuch von Events und dem Networking viel abgewinnen:

Interessante neue Menschen kennenlernen
Ob eintägiger Workshop oder große Messe: Jeder Mensch, den man auf Events kennenlernt, bringt seine individuelle Geschichte mit. Wie kam er zur Selbstständigkeit? Seit wann macht er das schon? Welche Themen interessieren ihn gerade? Ich sehe nicht einfach nur das Netzwerk, das sich mit diesem Menschen erweitert, sondern einen Kollegen, mit dem ich mich austauschen kann. Und denen begegnet man vor allem als Einzelunternehmer immer wieder gerne für den Austausch zwischen Gleichgesinnten.

(Business-)Kontakte knüpfen
Ja ja, ich habe gerade gesagt, darauf kommt es nicht immer in erster Linie an. Es ist aber eben doch wichtig. Auf Events knüpft man Kontakte, die entweder in Kooperationen enden können (so habe ich einige Kollegen für Gründerstories auf meinem Blog interviewt) oder man gewinnt tatsächlich neue Kunden. Das ist mir wie gesagt schon gelungen. Also misch dich unters Volk und sei nicht schüchtern. Über einen kleinen Plausch am Stehtisch vor dem nächsten Konferenzraum freut sich jeder.

Inspiration und Motivation holen
Besonders der Werdegang meiner Freelancer- oder Selbstständigen-Kollegen inspirierte mich immer wieder. Welche Hürden hatten sie? Welchen Herausforderungen mussten sie sich stellen? Sind sie schon einmal gescheitert und haben noch einmal neu angefangen? Auf Events lernt man eben nicht nur viele Menschen, sondern auch viele verschiedene Lebensläufe kennen. Das sorgt oft dafür, dass sich die Sicht auf den eigenen ändert, dass man Mut für neue Vorhaben gewinnt und motiviert die nächsten Pläne schmiedet – denn der „Was-andere-schon-geschafft-haben-Effekt" lässt einen selbst wiederum innere Hürden überwinden.

„Fortbildung" nutzen
Für mich ist der Besuch eines Networking-Events immer auch eine Art Fortbildung. Zum einen natürlich, weil man oft spannende Workshops zu aktuellen Themen rund um die Selbstständigkeit besuchen kann. Zum anderen lernt man immer voneinander. Wie hat jemand

ein Problem, vor dem ich auch bereits stand, für sich gelöst? Welche Methoden wendet er für welche Aufgaben an? Nutzt er dafür eine App, von der ich bisher nichts gehört habe? Ich weiß immer zwei oder drei Dinge mehr, wenn ich ein Networking-Event verlasse. Und allein dafür ist dessen Besuch es wert.

Neue Möglichkeiten erkennen
Nachdem ich die Geschichten von Kollegen gehört, Neues erfahren und jede Menge Inspiration eingesammelt habe, sprudeln die Ideen meist nur so aus mir heraus. *Ich könnte doch auch einmal XY probieren. Warum versuche ich nicht beim nächsten Projekt auf diese und jene Art zu arbeiten? Beim nächsten Problem nehme ich auch so eine entspannte Haltung ein.* Networking-Events sorgen bei mir immer dafür, dass ich danach in dem ein oder anderen Bereich meine Komfortzone verlasse und neue Möglichkeiten für mich entdecke. Man entwickelt also nicht nur sein Netzwerk, sondern eben auch sich selbst weiter.

Fazit: Der Satz „Hallo, was machen Sie so?" löst mehr aus als ein oberflächliches Gespräch über den eigenen Beruf und einen Visitenkartenaustausch. Man muss nur genauer hinhören.

Praktische Helfer: Diese IT und Tools habe ich als Freiberufler genutzt

Für gefühlt jede alltägliche Aufgabe gibt es mittlerweile digitale Hilfe. Ob Software für die Buchhaltung, Tagesplanung oder schlichtweg für Notizen. Das Ziel dieser Tools ist es, den Arbeitsalltag zu erleichtern – ihn effizienter und freier zu machen. Und viele Tools tun dies auch tatsächlich – manche davon sind sogar ein Muss. Jedoch empfinde ich, dass man sein Leben auch „übertoolen" kann. Dies hängt aber natürlich von dem jeweiligen Beruf und der Branche ab, in der man arbeitet. Im Folgenden möchte ich trotzdem kurz und knackig zeigen, welche wenigen Tools ich für meinen Arbeitsalltag genutzt habe. Anmerkung: Spezielle Tools für meine Tätigkeit als Texterin, wie zum Beispiel für die Suchmaschinenoptimierung von Texten, habe ich hier nicht aufgeführt.

Domain-Anbieter und Content-Management-System
Um eine Website veröffentlichen zu können, benötigt man natürlich erst einmal eine Domain und einen Domain-Anbieter. In meinem Fall entschied ich mich für einen Anbieter, der ein Content-Management-System (kurz CMS, zum Bauen der Website), ein Office-Paket sowie E-Mail-Postfächer in einem anbot. Bei der Auswahl des Systems sowie beim Einrichten oder auch bei Anpassungen über die Jahre habe ich mir immer wieder IT-Unterstützung geholt.

Buchhaltungssoftware
Das für mich wohl zeitsparendste Tool: Mit meiner Buchhaltungssoftware kann ich nicht nur Rechnungen verschicken, sondern Zahlungen einsehen (per Verknüpfung mit dem Geschäftskonto), Belege erfassen und bei Bedarf dem Steuerberater Zugang zu allen Dokumenten verschaffen. Hier habe ich den Überblick über all meine Finanzen. Welche Rechnungen sind noch offen? Wann ist die nächste Rechnung fällig? Wie hoch ist meine Steuerbelastung? Meine komplette Finanzwelt ist nur zwei Klicks entfernt. Zusätzlich zu meiner Software habe ich aber noch eine Exceltabelle für mich angelegt, in der ich alle relevanten Informationen abspeichere – von eventuell kommenden Projekten über Rechnungen und Ausgaben bis hin zu Kontoständen und Monatsumsätzen. Mehr zum Thema Buchhaltung erkläre ich übrigens im Abschn. „Zahlen, Tabellen und Umsätze: So funktioniert die Buchhaltung".

Canva
Mit Canva kann man verschiedene Designs für sämtliche Kanäle und Zwecke gestalten. Ich habe dieses simple und kostenlose Programm immer wieder für Social-Media-Posts, Titelbilder, Anzeigen oder auch für meinen Lebenslauf genutzt. Übrigens wurde ich nicht dafür bezahlt, dass ich das Programm hier erwähne – ich nenne das Produkt beim Namen, weil ich es als sehr intuitiv und einfach empfinde und es deshalb auch Designneulingen empfehlen kann.

Stundensatz & Co.: Wie und was verdienen Freelancer?

Solltest du schon als Freiberufler arbeiten, dann weißt du bestimmt, dass man regelmäßig gefragt wird, ob man denn tatsächlich davon leben kann. Wenn du noch vor der Gründung stehst, dann mach dich auf jeden Fall auf diese Frage gefasst. Was du darauf antworten kannst? Ja, auf jeden Fall! Als Selbstständiger verdient man sogar sehr gut – man muss nur Folgendes beachten:

Branchenrecherche
Recherchiere am besten, wie hoch der Stunden- oder Tagessatz in deiner Branche bzw. in deinem Beruf für eine Person mit deinem Erfahrungsschatz aktuell ausfällt. Hierfür gibt es zum Beispiel Vergleichstabellen im Internet oder auch Studien, wie beispielsweise den Freelancer-Kompass (Anmerkung: keine Werbung).

Qualitätsfaktoren berücksichtigen
Wenn du bezüglich deines Stundensatzes recherchierst, vergiss bitte nicht, dass Kunden nicht einfach nur deine Zeit, sondern vor allem dein Know-how und deine Erfahrungen – also Qualität – bezahlen. Berücksichtige das in jedem Fall bei der Festlegung deines Stundensatzes.

Vorsicht vor Dumping-Angeboten
Es gibt allerlei Projektangebote für Freiberufler auf dem Markt – ob nun über diverse Portale oder auch spezielle Auftragsseiten. Grundsätzlich empfehle ich, genau auf die Vergütung zu achten und von Dumping-Angeboten die Finger zu lassen. Obwohl es keine Seltenheit mehr ist, habe ich zum Beispiel nie zum Wortpreis gearbeitet, sondern immer zum Stunden- oder Tagessatz. Bei manchen Projekten kann sich auch ein Preis pro Text anbieten, also eine Art Stückpreis. Hier ist jedoch auf das Kleingedruckte zu achten. Zum Beispiel darauf, wie oder ob Korrekturschleifen weiterhin abgedeckt sind, sollten diese anfallen. Auf diese Details solltest du immer achten und eingehen, wenn du für ein neues Projekt verhandelst.

Ein Grund, warum ich nie zum Wortpreis gearbeitet habe, ist, dass sich der Wortpreis nicht einfach so in den meist faireren Stundenpreis umrechnen lässt (auch wenn das manche Auftraggeber behaupten) und es somit ganz schnell zum Verlustgeschäft kommt. Zum Beispiel deckt ein Wortpreis nicht die Recherche ab, die man für einen Text durchführen muss. Und wenn der Kunde den Text am Ende plötzlich kürzt? Oder sich plötzlich für einen anderen Stil entscheidet? Du weißt, worauf ich hinaus möchte. Verkaufe dich nie unter Wert und stehe zu deinen Preisen. Kunden, die deine Arbeit wertschätzen, werden dafür auch gerne zahlen – denn sie wissen, was sie dafür bekommen. Und wenn das als Argument noch nicht ausreicht, dann hilft dir vielleicht folgender Vergleich: Hast du schon einmal mitbekommen, wie jemand beim Friseur versucht, den Preis herunterzuhandeln, nicht den vollen Preis zahlen will, weil ihm die Erfahrung des Friseurs nicht ausreicht oder zum minimalen Centpreis pro Zentimeter zahlen möchte? Eben!

Versteh dich als Unternehmer
Wenn du deinen Stundensatz festgelegt hast, dann solltest du auch immer zu diesem stehen. Du bist schließlich nicht nur so zum Spaß Freiberufler, sondern musst davon leben. Und der Stundensatz spiegelt schließlich das wider, was du kannst und dem Kunden zur Verfügung stellst. Ich empfehle jedoch, zusätzlich zu deinem Wunschstundensatz noch einen Minimalstundensatz festzulegen, den du nie unterschreitest. Manchen Kunden kann man dann entgegenkommen (zum Beispiel Start-ups, die weniger Budget zur Verfügung haben), aber unterschreite nie deine Minimalgrenze: Durch ein Verlustgeschäft verlierst du nicht nur Geld, sondern auch Zeit, um diesen finanziellen Verlust woanders wieder hereinzuholen, denn der zeitliche Aufwand für ein Projekt bleibt gleich. Und vergiss nicht: Du bist Unternehmer – also legst du deine Preise fest, und nicht der Interessent.

Den Stundensatz festlegen – und beizeiten erhöhen
Im Schnitt sollte das „Gehalt" eines Freiberuflers 1,5-mal höher sein als das Bruttogehalt eines Festangestellten in gleicher Position. Mein anfänglicher Stundensatz betrug deshalb 75 bis 80 €. Ich weiß, das klingt nach viel, aber diese Summe hat auch ihre Gründe: Du musst

mit dem Verdienst ganz anders umgehen als ein Festangestellter. Dieser kann sich schließlich darauf verlassen, dass der gleiche Betrag im nächsten Monat wieder auf sein Konto fließt. Du kannst das nicht – und musst entsprechend für auftragslose Zeiten zurücklegen. Hinzu kommen die (sehr wichtigen!) Rücklagen für die Steuer sowie für Versicherungen. Ich habe zum Beispiel immer 30 bis 50 % eines jedes Auftragsumsatzes zurückgelegt, um immer liquide zu sein und eventuelle Projektausfälle überbrücken zu können. Das hat mich im ersten Geschäftsjahr zwar den ein oder anderen Luxus gekostet, hat mir jedoch eine finanzielle Basis verschafft, die mich ruhig hat schlafen lassen.

Und wenn du an Erfahrung dazugewinnst bzw. neue Kompetenzen erwirbst, die deinen Kunden zugutekommen? Dann ist es dein gutes Recht, deine Preise zu erhöhen – auch wenn dies bei Bestandskunden natürlich eine gute und nachvollziehbare Erklärung erfordert.

Lieber einen Auftrag ablehnen als ausnutzen lassen
Dies mag für so manchen Freelance-Einsteiger verwöhnt und teilweise auch utopisch klingen, aber auch dies war eine meiner goldenen Regeln, die ich von Anfang an befolgt habe: Bevor ein Projekt zu einem Verlustgeschäft führt, lehne es lieber ab. Ich habe zum Beispiel nie auf Projektportalen gearbeitet, um nicht zu Wortpreisen zu schreiben, und habe mich lieber auf die Akquirierung von Kunden konzentriert, die mir langfristig einen guten und fairen Preis zahlen, von dem ich auch leben kann. Angebote, die sich darunter bewegten, gingen immer auch mit der Tatsache einher, dass der Interessent meine Arbeit nicht zu schätzen wusste und auch an wahrer Qualität nicht interessiert war. Und obwohl ich es „gewagt" habe, als Freelance-Neuling Projekte abzulehnen, habe ich trotz allem (oder gerade deshalb) über drei Jahre lang sehr gut von meiner Selbstständigkeit gelebt.

Zahlen, Tabellen und Umsätze: So funktioniert die Buchhaltung

Wenn ich den Gesprächen unter Selbstständigen so lauschte, schien das Thema Buchhaltung das am wenigsten beliebte zu sein. Zahlen, Bürokratie, Amtssprache – das ist natürlich nicht unbedingt jedermanns

Sache. Allerdings gehört sie wie die Akquise und das Marketing zur Selbstständigkeit dazu. Ein Grundverständnis zum Thema Buchhaltung ist daher in jedem Fall notwendig und vor allem hilfreich. Deshalb gebe ich nun einen kleinen Einblick in meine Buchhaltungsroutine und erkläre die wichtigsten Begriffe.

Digitale Buchhaltung nutzen
Mittlerweile gibt es eine große Auswahl an Software-Anbietern, die sich auf das Thema Buchhaltung spezialisiert haben – und damit sämtliche bürokratische Prozesse abdecken, denen Freelancer gegenüberstehen. Von der Auftragsabwicklung über die Rechnungsstellung bis hin zur Verbuchung von Zahlungseingängen. Einfacher oder effizienter als mit einer digitalen Buchhaltung geht es wohl nicht. Du kannst zum Beispiel Belege, die du vorher per Smartphone abfotografiert hast, in die Buchhaltungssoftware hochladen und so direkt für die Steuererklärung hinterlegen. Des Weiteren lässt sich eine Buchhaltungssoftware mit dem Geschäftskonto verbinden, sodass Zahlungseingänge automatisch verbucht werden. Solltest du einen Steuerberater zurate ziehen, kannst du auch diesem einen Zugang zu deiner Buchhaltungssoftware gewähren. Recherchiere am besten zu den unterschiedlichen Software-Anbietern und vergleiche deren Angebote. Viele von ihnen bieten eine Demo oder auch eine Probezeit an. So kannst du ganz entspannt die Software aussuchen, die dir am ehesten zusagt und am besten deine Geschäftsprozesse abdeckt.

Kleine Anmerkung: Es ist in jedem Fall notwendig, dass du deine Buchhaltungsdaten in einer nicht veränderbaren Form abspeicherst – wie zum Beispiel eben in einer Buchhaltungssoftware. Excel ist hier nicht zulässig, da sich die Angaben theoretisch rückwirkend verändern lassen. Trotz allem habe ich neben meiner Buchhaltungssoftware noch ein Exceldokument angelegt, das mir als Übersicht für kommende Aufträge, Rechnungen und Umsätze dient. Doppelt hält eben manchmal besser.

Geschäftskonto eröffnen
Eine dringende Empfehlung meinerseits ist die Trennung von Privat- und Geschäftskonten. Für die Eröffnung eines Geschäftskontos

haben Freiberufler ebenfalls eine große Auswahl zu unterschiedlichen Konditionen. Hier kommt es wieder auf die individuellen Ansprüche an, um zu entscheiden, welcher Anbieter der richtige ist. Grundsätzlich empfehle ich mindestens die Aufteilung in vier verschiedene Konten. Ein privates Girokonto für die alltäglichen Ausgaben und ein Tagesgeldkonto oder Sparbuch für Rücklagen sind meiner Meinung nach eine Minimalanforderung. Hinzu sollten dann ein Geschäftskonto für die Umsätze aus der Selbstständigkeit sowie ein Konto für Steuerrücklagen kommen. Diese Aufteilung bedeutet zwar mehr Buchungsprozesse, jedoch hast du so immer den genauen Überblick, welche Beträge wohin fließen und welche zur freien Verfügung stehen oder zum Beispiel für die steuerlichen Verpflichtungen unberührt bleiben sollten.

Eröffne für die Umsätze aus der Selbstständigkeit ein Geschäftskonto und nutze es getrennt von deinem privaten Girokonto.

Steuernummern vom Finanzamt
Wenige Wochen nachdem du den Fragebogen zur steuerlichen Erfassung an das Finanzamt gesendet hast, erhältst du deine Steuernummer sowie die Umsatzsteuernummer. Diese Nummern wirst du oft benötigen, so zum Beispiel bei der Rechnungsstellung oder auch bei Überweisungen an das Finanzamt. Also pass gut darauf auf!

How to: Rechnungen stellen
Ein- bis zweimal im Monat war bei mir immer Buchhaltungstag. Hierbei gibt es jedoch keinen festgesetzten Rhythmus. Manche stellen ihre Rechnungen wie ich monatsweise, andere stellen sie projektweise, also erst, wenn ein Projekt auch tatsächlich ganz abgeschlossen ist. Für die bessere Übersicht und die stetige Liquidität habe ich mich für eine monatliche Rechnungsstellung entschieden. Im ersten Jahr habe ich sogar zweimal im Monat Rechnungen geschrieben – einmal zum 15. des Monats und einmal am letzten Werktag des Monats. Mit einer Buchhaltungssoftware geht das kinderleicht, sodass sich der Aufwand in Grenzen hält. Kunden sind dort mit Kundennummer und Adresse hinterlegt, sodass die wichtigsten Informationen nach einmaliger

Eingabe als Vorlage immer zur Verfügung stehen. Anpassen musst du je nachdem nur Rechnungsnummer, Datum, Leistungszeitraum, Zahlungsziel, Rechnungstext und abzurechnenden Posten. Sobald die Rechnung abgeschickt ist, geht alles digital seine Wege. Und wenn der Kunde in Zahlungsverzug sein sollte? Dann geht auch die Zahlungserinnerung ganz einfach per Software raus.

Umsatzsteuer-Voranmeldungen
Die Umsatzsteuer-Voranmeldungen fallen für all diejenigen an, die eine Umsatzsteuer abführen müssen – also diejenigen, die keine Kleinunternehmer sind und deshalb eine Umsatzsteuer auf jeder Rechnung in Zahlung stellen. In regelmäßigen Abständen muss man diese Beträge beim Finanzamt „voranmelden" und kurz darauf überweisen. Die Abstände der Umsatzsteuer-Voranmeldungen legt das Finanzamt fest – du kannst aber auf dem Fragebogen zur steuerlichen Erfassung deine Priorität angeben, in welchem Rhythmus diese erfolgen sollen. Dabei spielen Begriffe wie Ist-Versteuerung, Soll-Versteuerung und Dauerfristverlängerung eine Rolle. Immer am 6. des Fälligkeitsmonats meldest du dann deine Umsatzsteuer per Elster-Portal beim Finanzamt an. Bis zum 10. des gleichen Monats musst du den entsprechenden Betrag überweisen. Zusätzlich ist einmal pro Jahr eine Umsatzsteuererklärung fällig, wobei dir aber zum Beispiel ein Steuerberater helfen kann.

Einkommenssteuer-Vorauszahlungen
Zumeist wird im zweiten, spätestens aber im dritten Jahr der Selbstständigkeit eine regelmäßige Vorauszahlung der Einkommenssteuer fällig. Hier ist aber vorab schon Vorsicht geboten! Nach ein oder zwei Jahren Selbstständigkeit können eine entsprechende Steuernachzahlung und die neuen Vorauszahlungen ziemlich ins finanzielle Gewicht schlagen, wenn man nicht entsprechend zurückgelegt hat. In meinem ersten Jahr als Freelancer habe ich immer 30 bis 50 % von meinen Auftragsumsätzen auf mein Steuerrücklagenkonto geschoben, um genug für die kommenden Nachzahlungen parat zu haben. Ich empfehle jedem, der als Freiberufler anfängt, hier ebenso vernünftig zu sein. Liquidität

ist ein wichtiges Thema in der Selbstständigkeit und eine große Steuernachzahlung, auf die man nicht vorbereitet ist, kann dieser durchaus den Garaus machen.

Die Steuervorauszahlungen, die man ab einem gewissen Punkt quartalsweise abführen muss, legt das Finanzamt bzw. der Steuerberater fest, basierend auf deinen letzten und voraussichtlich kommenden Umsätzen. Ob diese Vorauszahlungen zu hoch oder niedrig waren, klärt sich in der jährlichen Einkommenssteuererklärung, zu der du verpflichtet bist.

> Für jedes Geschäftsjahr ist eine Einkommenssteuererklärung und Umsatzsteuererklärung fällig.

Steuerberater: Ja oder Nein?
In den ersten zwei Jahren meiner Selbstständigkeit hatte ich keinen Steuerberater an meiner Seite. Zum einen, das gebe ich offen zu, wollte ich anfänglich Geld sparen, zum anderen war es sehr hilfreich, mich zu Beginn komplett selbst um die Finanzen zu kümmern – um ein Verständnis von den Geldflüssen und den erforderlichen Prozessen zu bekommen. Ein Steuerberater kann dir allerdings jede Menge Zeit und Nerven sparen – und nicht zuletzt auch Geld. Und die Kosten für deinen Steuerberater kannst du übrigens wieder von der Steuer im darauffolgenden Jahr absetzen.

Zeit einräumen für Buchhaltung
Am Ende des Monats ist er immer da – der Buchhaltungstag. Bei manchen als langweilig und aufhaltend verschrien, von mir jedoch sehr genossen. An diesem Tag schaffe ich nicht nur Ordnung, sondern sehe auch Schwarz auf Weiß auf meinen Rechnungen, was ich im vorangegangenen Monat geleistet habe – und das macht stolz. An diesem Tag versende ich die Rechnungen an Kunden, kontrolliere meine Kontostände, aktualisiere meine Software und Excellisten und downloade wichtige Dokumente, die ich am Ende des Geschäftsjahres ohnehin für die Steuererklärung benötige.

Die verdammte Muse: Acht Tipps für mehr Kreativität

Als freiberufliche Texterin und im Homeoffice (was 2017 noch die Ausnahme war) merkte ich, wie viel Wahrheit in der Redensart „von der Muse geküsst" steckt. Denn dieser Muse begegnete ich wahrhaftig nicht jeden Tag. In Zeiten ihrer Abwesenheit erledigte ich einfach Dinge wie Buchhaltung und sonstige Bürokratie, die nun einmal zur Selbstständigkeit dazu gehören. Aber ich bin Texterin. Ich lebe von meiner Kreativität. Kein Wunder also, dass es Situationen gab, in denen ich vor dem noch weißen Word-Dokument saß und krampfhaft auf die Ankunft eben dieser besagten Muse wartete. Manchmal tauchte sie noch auf. Manchmal ließ sie mich eiskalt abblitzen. Aber Gott sei Dank habe ich bereits in der Vergangenheit gelernt, wie man ihr einen kleinen motivierenden Tritt verpassen kann.

Arbeitsplatzwechsel
In meinem Fall wirkt eine andere Umgebung wie ein Wunder auf Motivation und Kreativität: Bereits als Angestellte bin ich, wenn beides mal an meinem Platz zu wünschen übrigließ, einfach an den großen Konferenztisch im Nebenraum oder in den Agenturgarten gegangen. Und schon flossen die Ideen wieder. Lag das tatsächlich am Arbeitsplatzwechsel? War es einfach eine sich selbst erfüllende Prophezeiung? Völlig egal, denn es hat funktioniert. Wer nur den Laptop zum Arbeiten benötigt, hat viele Möglichkeiten für einen Arbeitsplatzwechsel und kann zur Not ins nächste Lieblingscafé oder auch in einen Coworking Space flüchten, um wieder in die Gänge zu kommen.

Raus an die Luft
Keine neue Weisheit: Bewegung an der frischen Luft kurbelt den Kreislauf an und versorgt das Gehirn mit Sauerstoff. Beides grundlegende Dinge für eine gewisse Leistungsfähigkeit. Vor allem an grauen, müden Tagen – oder eben, wenn die Laune wegen mangelnder Kreativität in den Keller sinkt – sollte man schnellstmöglich raus und sich den Frust von der Seele laufen.

Content sichten
Wenn ein Arbeitsplatzwechsel oder Spaziergang gerade nicht möglich ist, suche ich mir überall Inspiration, wo Content zu finden ist. Ich sichte meine bisher erstellten Artikel, denn vielleicht findet sich dort ein Aspekt, den ich für einen neuen Blogbeitrag nutzen kann. Ich durchforste die sozialen Medien und verschiedene Online-Plattformen, lese Magazine und Zeitungen. In jedem Fall führt diese kleine Semi-Ablenkung zu mehr Kreativität, da sich mein Gehirn für ein paar Minuten mit etwas anderem beschäftigt als mit der Aufgabe, die eigentlich dringend vom Tisch muss. Und wenn ich dabei auf neue Ideen komme, umso besser.

Notizbuch & Stift nie vergessen
Du weißt nie, wann dich die nächste zündende Idee überfällt. Mir passiert das sehr oft nachts. Zum Beispiel sind mir im Jahr 2013/14 Name und Konzept für den damals geplanten London-Blog um 3 Uhr morgens mehr oder weniger im Traum erschienen. Ab und an träume ich sogar von Sätzen, die so gut klingen, dass am Ende aus diesem Satz ein ganzer Beitrag entsteht. In solchen Situationen sollte man sofort (oder spätestens am nächsten Morgen) aufstehen und die Idee irgendwo vermerken. Manchmal arbeite ich an einem Projekt und währenddessen sammeln sich Ideen für die nächsten. Auch diese schreibe ich immer direkt auf, sodass sie mir nicht verloren gehen. Wer immer Notizblock und Stift (oder eben eine entsprechende App) parat hat, kann sich jeden noch so kleinen Funken Kreativität aufbewahren.

Nutze mal wieder Papier
Du hast die Idee vom letzten nächtlichen Kreativitätsschub schnell auf ein Blatt Papier gekritzelt? Gut. Dann führe diese nun weiter aus. Schwebt dir schon eine tolle Einleitung vor? Was gehört alles in diesen Artikel? Was musst du noch recherchieren? Fällt dir plötzlich die passende Überschrift ein? Sammle alles auf diesem Blatt Papier. Je nach Typ kann man das natürlich direkt auf digitale Weise machen, aber so richtig frei Ideen fließen zu lassen, funktioniert meiner Meinung nach auf klassische Art am besten.

Keine Kreativität vorhanden? Fang trotzdem an
Manchmal hat man keine Zeit, auf die Muse zu warten, und muss einfach loslegen. Wir haben schließlich Deadlines oder wollen mit unserer eigenen Agenda vorankommen. Ich stelle immer wieder fest, dass „einfach anfangen" hilft. Ich weiß nach einer ersten Version meistens ganz genau, dass der Text so nicht bleiben wird. Jedoch dient mir das bereits Geschriebene am Ende als Basis. Kreativität ist manchmal eben auch ein mehrstufiger Prozess. Oft merke ich einen Tag später, dass die Erstversion gar nicht so schlecht ist, mein (leider doch manchmal vorhandener) Perfektionismus mich am Vortag lediglich getäuscht hat. Andere Male schreibe ich fast alles um. Wie es am Ende auch läuft, fang einfach an. Denn du wirst dich gut fühlen, wenn du bereits *etwas* geschafft hast.

Abschotten
Wenn du mal komplett deine Ruhe brauchst, dann versuche, dich weitestgehend abzuschotten. Bei Bedarf kannst du das Handy ausschalten, das Telefon ausstöpseln und auf das zwischenzeitliche Surfen im Internet einfach mal verzichten. Ich gehe noch eine Stufe weiter und stecke mir Ohropax in die Ohren, sodass mich weder Nachbarn noch Baustelle oder sonstige Geräuschquellen von außen ablenken. Dann gibt es nur mich und den Text. Mir persönlich hilft das enorm bei der Konzentration und oft schreibe ich einen Erstentwurf dann in einem Rutsch. Also, probiere es aus und verschanz dich.

Einen Tag Pause machen
Dieser Tipp steht in einem kleinen Widerspruch zu dem Tipp, trotz fehlender Kreativität einfach anzufangen, ist aber trotz allem nicht weniger hilfreich. An manchen Tagen klappt es halt einfach nicht. Dann empfehle ich, die To-do-Liste etwas anzupassen und etwas völlig anderes zu tun, sofern es die Projekt-Deadlines erlauben. Du musst die Versicherung anrufen? Dann mach das. Der Buchhaltungsordner muss aktualisiert werden? Das erfordert wenig Ideenreichtum und ist in diesem Moment die perfekte Aufgabe. Kreativität kann man nicht erzwingen. Man spricht nicht umsonst von der „kreativen Pause". Und wer diese Pause wahrnimmt, wird merken, dass es am nächsten Tag

schon wieder besser läuft. Die Muse ist eben ein launisches Wesen. Aber wie die Tipps zeigen, lässt sich durchaus mit ihr reden.

Motivation: Keine Sorge, wenn sie mal kurz verloren geht

Wer dauerhaft als Selbstständiger durchhalten möchte, braucht vor allem zwei Dinge: Leidenschaft und Motivation. Das gilt natürlich generell, aber vor allem als Freiberufler. In jedem Job – ob jetzt angestellt oder freiberuflich – kann es jedoch mal holprig werden. Als Freelancer muss man dabei alle Stolpersteine selbst aus dem Weg räumen und steile Hügel oft ohne fremde Hilfe erklimmen. Ich möchte mich hier gar nicht lange mit übertriebenen Metaphern aufhalten und es auch nicht dramatisieren. Worauf ich aber hinauswill: Du musst zu 100 % hinter deinem Unternehmen stehen und davon überzeugt sein. Nur dann wirst du dauerhaft motiviert sein und dein Business am Laufen halten. Antrieb ist also meiner Meinung nach (fast) alles.

Von Natur aus bin ich ein eher fleißiger und zielstrebiger Mensch (sagte sie in aller Bescheidenheit). Umso verwunderter war ich, als ich während einer sehr intensiven Akquisephase nach fünf Monaten Selbstständigkeit in ein kleines Motivationsloch fiel. Es hielt zum Glück nicht lange an. Und trotzdem wirbelten die Fragen durch meinen Kopf: Warum bin ich ausgelaugt, wenn ich doch Lust auf das alles habe? Oder bin ich etwa nicht mehr überzeugt davon? Wo ist mein Antrieb? Und wie bekomme ich ihn wieder?

Ja, das klingt jetzt doch ein bisschen dramatisch. Fürs Protokoll: Ich habe es nie bereut, mich selbstständig gemacht zu haben. Das Freelancer-Dasein verlangt viel, gibt aber auch unglaublich viel zurück. Und trotzdem muss man sich – bei aller Überzeugung – Methoden überlegen, wie man seine Motivation stets aufrechterhält und am Ball bleibt, denn schlechtere Tage gibt es natürlich auch.

Wie gehe ich also vor, wenn ich mal weniger motiviert am Schreibtisch sitze? Ich habe mir in solchen Momenten angewöhnt, kurz für mich zu hinterfragen, woran das liegt: Warum geht mir eine Aufgabe nicht so schnell von der Hand? Manchmal habe ich an diesem

Tag schlichtweg nicht so viel Energie und muss mich dann eben mit meinem Tempo abfinden. Manchmal stelle ich aber fest, dass sich meine mangelnde Motivation nur auf ein bestimmtes Aufgabengebiet bezieht. So gibt es produktive Texterstellungstage, an denen ich Blogbeiträge und Kundenprojekte in einem Schwung abarbeite. Genauso gibt es aber auch Tage, an denen ich es weder schaffe, konzentriert Bewerbungen rauszuschicken, noch eine vernünftige Überschrift zusammenzubasteln. Das sind die Tage, an denen ich dann eben die vielen kleinen, aber wichtigen Dinge erledige, die zum Freelance-Leben dazu gehören: Buchhaltungsordner aktualisieren, Posteingang aufräumen, Social-Media-Posts der nächsten Wochen planen, Fotos und Ideen für eigene Marketingzwecke vorproduzieren etc. Irgendwer muss das alles ja machen und dieser „Irgendwer" bist (soweit du hier nichts ausgelagert hast) immer du.

Wenn ich diese Dinge erledigt habe, dann passiert für gewöhnlich Folgendes: Ich spüre meine Motivation für die wichtigen Aufgaben wieder aufflammen. Bei mir funktioniert das ganz klassisch, so wie es auch in der Motivations- und Emotionspsychologie beschrieben ist: Ich schaffe etwas, fühle mich gut deswegen oder erhalte positives Feedback dazu und bin direkt motiviert, die nächste Aufgabe vom Tisch zu wuppen, um diese wohltuende Schleife erneut zu drehen. Ja, du hörst richtig. Das Updaten meiner Buchhaltung kann bei mir Motivationsschübe auslösen. Und diese simple Methode, um ein Motivationsloch zu überbrücken, funktioniert so gut wie jedes Mal.

Die Lust auf Arbeit kann (und sollte) man aber nicht einfach nur immer mit anderer Arbeit auslösen. Mach doch auch mal etwas auf den ersten Blick völlig anderes. Stichwort „kreative Pause". Ich beantworte zum Beispiel gerne Nachrichten, wenn es ideentechnisch mal hängt, oder erzähle meiner Freundin per Voice Mail von meinem Tag. Kurz: Ich lasse Dampf ab – was manchmal schon ausreicht, um danach wieder weiterzumachen. Oder ich fühle mich danach sortiert und kann wieder mit klarem Kopf eine Aufgabe erledigen. Oft genügt auch das Browsen durch Facebook-Gruppen oder Instagram, um zu schauen, was die anderen Freelancer-Kollegen so treiben. Meist schöpfe ich daraus schon neue Energie und Ideen für die nächsten To-dos. Kreativität und Motivation gehen da vor allem als Texter Hand in Hand. Bin ich kreativ, kommt die Motivation. Bin ich umgekehrt motiviert, kommt auch die Kreativität wie von selbst dazu.

Fazit: Motivation ist wichtig und sie ist essenziell für Freiberufler. Doch manchmal braucht sie eben einen kleinen Anstoß. Also finde heraus, was dich motiviert oder auch demotiviert. Beobachte dich selbst, um zu erkennen, welche Aktionen welchen Effekt auf dich haben. Und noch viel wichtiger: Verliere nicht den Glauben an dich selbst und zweifle nicht an deinen Fähigkeiten, nur weil es mal nicht so schnell vorangeht. Feiere Erfolge und verliere nie den Spaß an der Sache. Apropos: Ich könnte doch mal ein paar Dokumente abheften. Grad voll Bock drauf …

Alles auf einmal geht nicht: Priorisieren als Freelancer-Kompetenz

Manchmal saß ich zu Anfang meiner Selbstständigkeit in meinem Homeoffice und die Ideen überschlugen sich. Ich wollte in diesen Momenten zehn Dinge auf einmal machen oder bereits auf der Abgehakt-Liste stehen haben. Dabei konnte es sich auch um Pläne handeln, die mehrere Wochen bis Monate in Anspruch nahmen. Ein Buch schreiben? Den Blog umstrukturieren und Beiträge vorproduzieren? Mal einen Podcast ausprobieren und meine Blogbeiträge verbalisieren? Alles schöne Ideen. Aber dabei durfte ich nicht vergessen, dass Kundenprojekte Vorrang haben, die Buchhaltung wartet, ach und Badputzen, Sonne tanken und Schlaf wären zwischendurch auch mal ganz nett!

Zu diesem Zeitpunkt wusste ich schon sehr gut, welchen Stellenwert Priorisieren und realistische Zeiteinschätzungen als Freiberufler haben sollten. Das ist umso wichtiger, wenn von außen keine Regeln oder Strukturen vorgegeben sind – wie eben als Freelancer. Man kann seine Tage völlig frei durchplanen, was viele Chancen, aber auch Risiken birgt. Zu den Vorteilen gehört für mich von Anfang an, dass ich meine Arbeitszeiten selbst festlegen, Termine flexibel planen und kreative Hochphasen zum Schreiben nutzen konnte – oder eben ein

Nachmittagstief für eine Pause. Zu den Nachteilen gehört, dass man manchmal so viel mehr erreichen möchte als überhaupt möglich ist. Sowohl zeitlich als auch energietechnisch. Das klingt jetzt ziemlich banal, aber lass es mich anhand eines Beispiels erklären:

Als ich mich 2017 selbstständig machte, hatte ich meinen Arbeitsrhythmus als Freelancerin noch nicht gefunden. Es gab viel zu tun, keine Frage. Lust, Ideen, Motivation, Antrieb, das war alles vorhanden. Doch eine Sache hatte ich noch nicht gelernt: Das Priorisieren von Aufgaben und Zielen, wenn der Horizont an neuen Möglichkeiten und Selbstverwirklichungen unendlich scheint – um wieder eine übertriebene, dennoch wahrheitsgetreue Metapher zu nutzen. Das Ergebnis war, dass ich mir meine Tage mit To-dos überfüllte, die völlig unrealistisch waren. Meine Unzufriedenheit über die nicht-erreichten Ziele war somit vorprogrammiert. Da war es auch egal, wie viele Club-Mate-Flaschen ich für die bessere Konzentrationsfähigkeit wegtrank – mal abgesehen davon, dass nach zwei davon sowieso Schluss war, weil ich dann immer das Gefühl hatte, ich müsste aufgrund des Koffeinüberschusses drei Stunden lang fuchsteufelswild um den Block rennen. Im Endeffekt hatte ich mich also selbst aufgehalten, indem ich mir zu viel vorgenommen hatte, denn schlechte Laune aufgrund zu hoher Anforderungen ist alles andere als ein Motivationscoach.

Die Lösung für dieses Problem erschien mir nach und nach, obwohl es so offensichtlich ist: Konsequent Prioritäten setzen. Ideen notieren und in Teilschritte gliedern. Aufgaben realistisch und mit Puffer planen. Ganz einfach nicht so viel auf einmal wollen, auch wenn man noch so begeistert von neuen Vorhaben ist. Das Ergebnis macht das Leben um einiges leichter, denn eine tatsächlich komplett abgehakte To-do-Liste (wenn auch mit weniger Posten) hebt die Laune, macht stolz und den Feierabend entspannter. Und vor allem auch wieder Lust auf die nächsten Erfolge.

Ich glaube, mit dieser Anforderungsthematik bin ich in meiner Generation nicht allein. Warum also nicht mal ein wenig ausbremsen, um uns im Endeffekt viel besser zu fühlen? An das Ziel kommen wir, wenn wir es wirklich wollen, doch ohnehin. Also warum nicht etwas langsamer, aber dafür ausgeglichen und zufrieden? Ganz ohne Club-Mate-Überschuss.

Learnings: Weisheiten aus der Freiberuflichkeit

Inhaltsverzeichnis

Don'ts: Diese Fehler sollten Selbstständige vermeiden 64
Grenzen setzen: Wann Freelancer auch mal Nein sagen müssen 67
Der Kopf braucht Pause: Work-Life-Balance für Freiberufler. 70
Anti-Perfektion: Warum 80 % manchmal ausreichen 72
Zweifel: Warum Bedenken dazugehören und nichts bedeuten müssen. . . . 74
Freiheitsgedanken: Warum Freiheit und Verantwortung Hand in Hand gehen 75
Gedanken zum Scheitern: Risking a Fuckup? Oh fuck, yes!. 76
On Repeat: Fünf Sätze, die Selbstständige oft zu hören bekommen. 79
Ausgebremst: Sieben nicht so schöne Momente als Freelancer 81
Aufs Bauchgefühl vertrauen: Mal anders zu entscheiden, ist nicht schlimm 84
Me-Time statt Mimimi: Klaren Kopf behalten durch Selbstcoaching 85
Sprung ins Ungewisse? Warum Freelancer nicht „keine", sondern eine andere Form von Sicherheit haben 88

Don'ts: Diese Fehler sollten Selbstständige vermeiden

Fehler gehören dazu. Das gilt wohl für fast jeden Lebensbereich, so auch für das Arbeiten in der Selbstständigkeit. Schließlich kann man ganz am Anfang noch kein Profi in allen Aufgabenbereichen sein. Trotzdem gibt es ein paar Fehler, die sich gut vermeiden lassen. Welche in meinem Fall dazugehörten, habe ich im Folgenden zusammengefasst. Vieles davon bezieht sich wieder auf meinen Alltag als Texterin, lässt sich aber auch auf andere Berufsfelder übertragen.

Ungenaue Aufwandseinschätzung für ein Projekt
Jetzt hat die Erstellung des Textes plötzlich doch drei Stunden länger gedauert, als vorher mit dem Kunden abgesprochen war? Das ist ärgerlich und sollte nicht passieren, denn am Ende wird das für den Selbstständigen schließlich immer zum Verlustgeschäft. Bereits zu meinen Agenturzeiten habe ich gelernt, wie wichtig detaillierte Projekteinschätzungen sind. Sichte das Input-Material (Liegt genug Material für das Projekt vor? Oder musst du noch mehr recherchieren?), kläre die jeweiligen Projektbedingungen (Kommt der Input ausführlich per Telefonat oder schriftlich in groben Stichpunkten?), lege den genauen Rahmen fest (Zeichenzahl? Textmenge? Deadline?) und setze alles realistisch zueinander in Beziehung. Es ist zwar dann auch nur eine Schätzung, aber diese sollte – sowohl für den Kunden als auch für dich selbst – so genau wie möglich sein.

Nicht offen und transparent genug kommunizieren
Ich lege immer sehr großen Wert darauf, meinen Kunden meine Arbeitsweise zu erklären und halte das auch über die komplette Zusammenarbeit hinweg aufrecht. Das beginnt bei der Aufwandseinschätzung für ein Projekt, die ich dem Kunden detailliert aufgelistet zuschicke, geht über die erläuternden E-Mails und Kommentare zu einem Text bis hin zur Rechnung, in der jeder einzelne Posten meiner Arbeit (Recherche, Konzeption, Texterstellung, Korrektur etc.) transparent aufgeführt ist. Der Kunde wird sich über diese Übersicht freuen

und dir zudem auch in Zukunft vertrauen, wenn deine Leistung für ihn nachvollziehbar ist.

Zu wenig Zeit in ein Textkonzept stecken
Da kommt jetzt wieder der Ordnungsfreak in mir durch, aber so, wie ja sprichwörtlich „Ordnung die halbe Miete" ist, ist für mich „das Konzept der halbe Text". Diese Regel wird für mich umso wichtiger, je größer das Projekt ausfällt. Wenn ich für einen Kunden ein E-Book oder ein Whitepaper erstellen soll, stecke ich sehr viel Mühe in die Recherche und die Konzepterstellung. Dies sende ich dem Kunden zu, sodass er die Struktur des Textes im ersten Schritt absegnen kann, bevor ich mit dem Ausformulieren beginne. Übrigens ist das dann meist recht schnell erledigt, da ich mich an dem Konzept wie an einem Gerüst entlanghangeln kann. Und da der Kunde bereits sein Okay für das Konzept gegeben hat, ist die Korrekturschleife am Ende meist überschaubar.

Entscheidungen überstürzen
Dem Text fehlt noch der letzte Schliff? Lieber nochmal liegen lassen und am nächsten Tag mit frischem Blick draufschauen, bevor er zum Kunden geht. Du weißt nicht, ob ein Projekt das richtige für dich ist? Auch am besten ein oder zwei Nächte drüber schlafen und in Ruhe abwägen. Ich weiß, dass wir alle oft unter Druck arbeiten und nicht immer den Luxus haben, ewig grübeln zu können. Aber eine Entscheidung zu treffen, nur um sie schnell getroffen und vom Tisch zu haben, wird dir am Ende nicht viel bringen. Denn im schlimmsten Fall war es die falsche. Du bist allein für dein Business verantwortlich, also nimm dir die Zeit für Entscheidungen. Denn nur das führt meiner Erfahrung nach zu guten Projekten und einer Zusammenarbeit mit Qualität.

Gegen das Bauchgefühl handeln
Ich hatte in meiner Laufbahn als Selbstständige zweimal ein komisches Bauchgefühl, was Projekte anging – und mich deshalb dagegen entschieden. Ob man sich das erlauben sollte? Ich sage Ja, denn man wird ein Projekt nur dann erfolgreich umsetzen können, wenn man zu 100 % dahintersteht und sich eine funktionierende Zusammenarbeit mit dem Kunden vorstellen kann – vor allem langfristig. Das hat

dann auch nichts mit verpassten Chancen zu tun, sondern damit, sich selbst treu zu bleiben und seiner Intuition zu folgen. Mir ist natürlich bewusst, dass dieser Idealismus vor allem zu Beginn der Selbstständigkeit schwierig einzuhalten sein kann, jedoch solltest du dein Bauchgefühl nie gänzlich ignorieren.

Zu lange To-do-Listen schreiben
Ja ja, das alte Thema: Meine To-do-Listen. Ganz ohne kann ich nicht. Aber auch ich habe gelernt, wie man realistisch plant. Manchmal war ich so übermütig und habe mir für einen Tag Aufgaben gesetzt, die man allein konzentrationstechnisch aufgeteilt auf drei Tage besser schaffen würde. Da ist die Enttäuschung über sich selbst natürlich vorprogrammiert. Mit der Zeit bekommt man aber ein Gefühl dafür, wie lange welche Aufgaben in Anspruch nehmen. Und wer ein geringeres Pensum am Tag tatsächlich geschafft hat, wird sich besser fühlen, als wenn er einem ohnehin unrealistischen Work Overload nicht gerecht geworden ist. Da spielt die Psyche mit, also trickse sie doch einfach ein wenig aus.

Kein finanzielles Polster schaffen
Sparen und Vorsorgen sollten wir ja alle irgendwie. Nicht nur für materielle Anschaffungen und Urlaub, sondern auch auf lange Sicht. Selbstständige müssen jedoch immer auch an die jährliche Steuernach- bzw. -vorauszahlung denken und vom ersten Tag an entsprechend zurücklegen. Am besten solltest du ein Konto speziell für Steuerrücklagen eröffnen und niemals anrühren, damit du nicht in die Bredouille kommst, sobald das Finanzamt an die Tür klopft. Zudem solltest du für schlechte Auftragszeiten Geld zur Seite schieben, um eventuell ein paar Wochen überbrücken zu können. Selbstständigkeit erfordert eine andere Art, mit Finanzen umzugehen. Wer sich aber an diese verhältnismäßig simplen Regeln hält, ist auch hier auf der sicheren Seite.

Zu wenig Geduld mit sich selbst haben
Es ist eines meiner größten Learnings: Erfolg in der Selbstständigkeit (und Erfolg generell) kommt nun einmal nicht über Nacht, und genau

deshalb ist es umso wichtiger, Geduld mit den Dingen und mit sich selbst zu haben. Die ersten Monate der Selbstständigkeit können zäh sein und die ein oder anderen Nerven kosten. Aber du musst zuversichtlich sein, immer am Ball bleiben, optimistisch denken und den Spaß an der Sache nicht verlieren. Dann rollt das Business ab einem gewissen Punkt bestimmt wie von allein.

Grenzen setzen: Wann Freelancer auch mal Nein sagen müssen

Als Freiberuflerin habe ich sehr schnell herausgefunden, was die Basis für eine erfolgreiche und ausgeglichene Selbstständigkeit ist: die Fähigkeit, Grenzen zu setzen. Das mag kontrovers klingen, arbeitet man doch angeblich „selbst und ständig". Wo sind da bitte Grenzen? Tatsächlich bringt das Wörtchen „Nein" aber auch (oder vor allem) bei Selbstständigen das Business zum Laufen. Und noch viel wichtiger: Man bleibt dabei gesund! Daher hier meine wichtigsten Gründe, öfter mal Nein zu sagen.

Nein zu endlosen Arbeitszeiten à la 24/7

Einzelunternehmer werden es kennen: Die Auslastung in der Selbstständigkeit schwankt. Mal kann man sich vor Aufträgen und Aufgaben nicht retten, mal hat man Leerlauf und Luft. Theoretisch wäre ich in beiden Situationen im Stande, immer durchzuarbeiten. Wenn sich ein Auftrag verschiebt, schreibe ich eben neue Beiträge für meinen eigenen Blog oder feile an meinen Social-Media-Posts. Die Unterlagen für die Steuer könnte ich aber auch mal ordnen. Müsste-ich-mals finde ich immer. Und doch habe ich mich von Anfang an gegen einen Arbeitsrhythmus à la 24/7 entschieden. Nein zum Workaholic-Dasein und Ja zu gesunden Pausen. Wieso? Weil man auch in der Selbstständigkeit nur über einen begrenzten Energiehaushalt verfügt. Pausen und Feierabend gehören dazu, wenn man langfristig mit Motivation und Begeisterung am Ball bleiben möchte, selbst wenn sich die Arbeit nicht wie Arbeit anfühlt. Dasselbe gilt für die Erreichbarkeit. So habe ich mir feste Zeitgrenzen gesetzt, ab denen ich für Kunden telefonisch nicht mehr erreichbar bin. Manche mögen denken, Offline-Sein könnten sich Selbstständige nicht erlauben. Ich sage, genau das muss man sich erlauben, um am nächsten Tag auch wieder zu 100 % für Kunden da zu sein.

Nein zu Interessenten, zu denen man nicht passt
Mir ist bewusst, dass sich die Wirtschaft in Zeiten von Pandemien und Krieg in vielerlei Hinsicht verändert. Bei den einen Unternehmen läuft es wie immer, bei anderen wandelt sich das komplette Geschäftsmodell. Auch Einzelunternehmer können mitunter wirtschaftlich zu kämpfen haben. Entsprechend offen und flexibel sollte man für Veränderungsprozesse sein. Und doch hat sich bei mir eine Regel bewahrheitet: Arbeite nicht mit Kunden zusammen, zu denen du nicht passt bzw. die nicht zu dir passen. Ein Nein zu einem Interessenten hat nichts mit Arroganz zu tun, sondern mit der Tatsache, dass man nicht jedem Kunden langfristig helfen kann. Und dafür gibt es durchaus gute Gründe: Vielleicht kannst du mit dem Thema nichts anfangen (was völlig okay ist, denn niemand ist ein Meister in absolut allem), vielleicht gehen eure Arbeitsweisen komplett auseinander (was zu einem holprigen Projekt führen könnte) oder vielleicht seid ihr euch auch einfach nicht sympathisch. Eine langfristige Geschäftsbeziehung ist wie jede andere Beziehung davon abhängig, ob es „passt". Also bewerte die Situation realistisch: Kann ich dem Kunden auf lange Sicht einen Mehrwert bieten? Bringt auch mich die Zusammenarbeit weiter oder bahnen sich womöglich schon zu Beginn potenzielle Probleme an? Sind die Vorstellungen von der Kooperation ähnlich und kann diese funktionieren? Hierbei geht es nicht um Egoismus oder Rosinen-Picken, sondern um eine erfolgreiche und zufriedenstellende Zusammenarbeit für beide Seiten. Und da bleibt ein Nein eben manchmal nicht aus.

Nein zu schlechter Bezahlung
Diesen Ratschlag möchte ich vor allem Freelance-Anfängern mit auf den Weg geben: Verkaufe dich nie unter Wert. Sag Nein zu schlechter Bezahlung. Schätze deinen Erfahrungsschatz realistisch ein. Welchen

Wert hat dieser und wie viel Arbeit steckst du tatsächlich in die Projekte deiner Kunden? Vieles davon ist auf den ersten Blick gar nicht zu sehen, denn dabei handelt es sich nicht nur um deine Zeit, sondern auch um dein Know-how, das in jedes Projekt einfließt. Mal abgesehen davon, dass auch du dein Leben zu bezahlen hast, kann es außerdem schwierig sein, einen einmal festgesetzten Preis beim Bestandskunden später gerechtfertigt zu erhöhen. Also fühle dich nicht schlecht, Nein zu Dumping-Preisen zu sagen. Viel eher hilfst du damit deiner Berufsgruppe, als qualitativ angesehen zu werden. Und auch das ist schließlich eine langfristige Investition.

Nein zu ausschweifender kostenloser Beratung
Eine weitere wichtige Grenze sehe ich bei der Erstberatung von Neukunden. Ein unverbindliches Erstgespräch ist bei mir kostenlos. Dabei geht es darum, sich einander vorzustellen sowie das kommende Projekt und die potenzielle Zusammenarbeit durchzuspielen. In dem Moment, in dem man mit seinem Know-how und der konkreten Projektarbeit loslegt, ist die Grenze zwischen Erstberatung und offiziellem Auftrag jedoch überschritten. Diese sollte man auch für den Kunden markieren. Zumeist ergibt sich dies von selbst, aber es ist für die Nachvollziehbarkeit immer ratsam, eine zusammenfassende E-Mail an den Kunden zu schicken, in der man die besprochenen Projektbedingungen auflistet und um eine kurze Auftragsbestätigung bittet. Ein weiterer Tipp von mir: Korrekturschleifen sollte man ebenfalls vorab zeitlich deckeln, um hier nicht potenziell ins Minus zu kommen. Eine halbe Stunde Korrektur ist bei mir immer kostenfrei. Alles, was darüber hinausgeht, rechne ich wieder nach meinem Stundensatz ab.

Nein zu Stillstand
Vor allem zu Beginn der Selbstständigkeit wirst du merken, dass vieles ab einem gewissen Punkt ins Rollen kommt. Neue Kunden, neue Interessenten, Networking, Aufträge, Ideen – vieles ist miteinander verbunden und bringt dich voran. Und trotzdem finde ich es immer wieder wichtig, zu überlegen, ob man sich in die richtige Richtung entwickelt bzw. ob man sich überhaupt noch entwickelt. Welche Fortbildungen bieten sich zum Beispiel an? Kann man das Angebot noch

ausweiten (marktbedingt oder auch aus persönlichem Interesse)? Welchen Themen und Projekten möchte man sich in Zukunft widmen? Und wie gelangt man auf diese Zielgerade? Führe regelmäßig ein kleines Selbstcoaching durch, um Stillstand in deiner Entwicklung zu vermeiden. Nur so kommt alles für das nächste große Ziel in Bewegung.

Kleine Anmerkung zum Schluss
In diesem Abschnitt ist viel von Grenzen die Rede. Versteh mich nicht falsch, hier geht es nicht um Fronten zwischen Dienstleister und Auftraggeber, sondern lediglich um eine erfolgreiche und gesunde Zusammenarbeit für beide Seiten. Zumal du auch in der Selbstständigkeit die Erlaubnis hast, dein Arbeitsleben vom Privatleben zu trennen, auch wenn dein Hobby zum Beruf geworden ist. Selbstständigkeit kann zu Selbstverwirklichung, Freiheit und Erfolg führen – aber auch dafür ist es absolut okay, ab und an eine Trennlinie zu ziehen. Ich ziehe mal gerade eine kleine für eine 10-minütige Kaffeepause. Bis später!

Der Kopf braucht Pause: Work-Life-Balance für Freiberufler

Sehr oft wurde ich gefragt, wie viele Stunden ich als Freelancer pro Woche arbeite, und vor allem, zu welchen Uhrzeiten. Und mir ist irgendwann aufgefallen, wie schwer es mir immer fiel, darauf eine konkrete Antwort zu geben. Meist versuchte ich, in einem kurzknackigen Satz zu erklären, dass ich keine feste 8-to-5-Routine mehr habe, sondern meine Arbeitszeit über den Tag verteilt flexibel gestalten kann. Das endete dann aber meistens mit einem umständlichen „Also ich stehe schon morgens früh auf, mache aber nachmittags oft eine längere Pause und sitze dafür abends länger. Manchmal ist es aber auch eigentlich ein normaler Tag. Aber manchmal schlafe ich auch doch länger aus und nachts kann ich eigentlich auch gut arbeiten." In Kürze: Ich hatte nie eine feste Routine. Aber irgendwie hatte ich doch eine. Ich schätze mal, das ist ein Freelancer-Ding, das auch nur Freelancer wirklich verstehen können.

Wir können produktiv sein und pausieren, wie wir möchten. An diese Freiheit musste ich mich erst gewöhnen. Knapp drei Jahre Angestellten-Dasein zuvor haben bei mir ausgereicht, um in der Anfangszeit als Freelancer ein schlechtes Gewissen auszulösen, wenn ich morgens mal später anfing. Dabei habe ich wahrhaftig nicht wenig gearbeitet. Dieses Gefühl hatte ich nur, da ich nicht mehr in den üblichen zwei Vier-Stunden-Blöcken gearbeitet habe. Nach einer gewissen Zeit war dieses Gefühl zum Glück verschwunden und auch der innere Kontrollfreak prüfte am Ende des Tages nicht mehr akribisch, ob ich tatsächlich auf acht Stunden kam. Warum auch? Es geht schließlich nicht darum, Stunden zu zählen, sondern darum, seine Aufgaben erfolgreich zu erledigen und voranzukommen. Das kann mal schneller gelingen und auch mal länger dauern. Zudem war es für mich schwammig, welche Zeit ich überhaupt als Arbeitszeit ansehen müsste, denn oft fühlte es sich eben nicht danach an.

Als Selbstständiger verschwimmen Arbeit und Freizeit mehr oder weniger miteinander. Die Grenzen sind nicht strikt durch zeitliche Vorgaben und örtliche Trennung von Büro und Zuhause gezogen. Viele fragten mich, ob das nicht komisch sei. Ehrlich gesagt war es das nicht. Ich arbeitete zwar überwiegend von zu Hause und die Versuchungen, mal zwischendurch zu staubsaugen, ein Buch in die Hand zu nehmen oder bei einer weiteren Tasse Kaffee am Morgen den Bestand meines Küchenschranks zu inspizieren, waren natürlich immer mal da. Aber ich bin verdammt gut darin, Grenzen im Kopf zu ziehen. Wenn ich gerade einen Fachartikel schreibe, dann hat der Haushalt Sendepause. Und umgekehrt bin ich im Stande, abends mal drei Folgen einer Serie zu schauen, ohne dass sich beim Anblick der Dokumente für das nächste Projekt ein schlechtes Gewissen meldet.

Zur Mischform aus Arbeit und Freizeit wird es eben dann, wenn ich nachmittags am Mainufer in der Sonne einen Kaffee trinke und dabei für ein Textkonzept brainstorme, etwas Korrektur lese und meine nächsten Blogbeiträge plane. In diesen Momenten bin ich entspannt und fleißig zugleich. Beobachte die vorbeiziehenden Menschen und vertiefe mich in der nächsten Sekunde doch wieder in die Notizen vor mir. Freiheit und Arbeit zusammen in einem Moment. Das meine ich, wenn ich sage, dass ich meine Arbeitszeit nicht immer definieren kann.

Manche sagen, ich würde „immer" arbeiten. „Selbst" und „ständig". Aber am Ende kommt es darauf einfach nicht mehr an, denn du wirst als Freelancer sehen, dass auch das Wort „Arbeit" für dich eine völlig neue Bedeutung bekommt.

So, und was heißt das jetzt? Hat ein Selbstständiger nun eine Work-Life-Balance? Braucht er die überhaupt? Ich sage Ja, diese muss er sich nur einfach selbst gestalten. Das sieht dann eben bei jedem anders aus. Und warum schreibe ich überhaupt einen Abschnitt über dieses Thema? Weil ich merke, dass das einer der Punkte ist, der viele Angestellte und Vielleicht-bald-Gründer interessiert und teilweise verunsichert. Das ist aber gar nicht notwendig, denn du wirst weder „nur" arbeiten noch „nur" prokrastinieren. Du wirst deine Balance und deinen Rhythmus als Freelancer finden, auch wenn das ein paar Monate dauern kann. Ich weiß, wovon ich rede. Aber entschuldige mich bitte, ich muss gerade mal schnell die Reis- und Kartoffelpüree-Packungen für die Einkaufsliste nachzählen …

Anti-Perfektion: Warum 80 % manchmal ausreichen

Ich denke, ich spreche jedem Texter aus der Seele, wenn ich sage, dass wir von einer bestimmten Berufskrankheit befallen sind: dem Perfektionismus. Auf der einen Seite hat sie ihren Zweck – wir wollen unseren Kunden schließlich Top-Qualität abliefern. Deshalb geht jeder geschriebene Satz bestimmt immer noch ein kleeeiiines bisschen besser. Auf der anderen Seite kann Perfektionismus zur Plage werden, wenn wir dadurch zum Beispiel nicht mehr effizient genug arbeiten und unser Zeitmanagement aus den Fugen gerät.

Als Freelancerin erfüllte ich viele verschiedene Rollen. Ich war Texterin, Social-Media-Managerin, Marketing-Beauftragte, Akquise-Verantwortliche und Buchhaltungschefin in einer Person – mal abgesehen davon, dass ich zwischendurch auch mal Motivationscoach und Weiterbildungsorganisatorin sein musste. Ganz am Anfang habe ich mir sehr strenge Regeln und sehr hohe Ziele für jede einzelne Rolle gesetzt. Als Einzelunternehmerin musste ich schließlich zusehen, dass das Geschäft läuft. Deshalb half nur die perfekt durchgeplante und strukturierte To-do-Liste für jeden Bereich. Perfektion eben. Richtig? *[Dödöm-Fail-Geräusch].* Nicht ganz.

Hohe Ansprüche an sich und seine Leistung zu haben, ist gut und richtig. Aber dabei sollte man realistisch bleiben. Die Ziele, die ich mir in der Anfangszeit für jede meiner Rollen gesetzt hatte, waren schlichtweg nicht erreichbar für eine Person. Zudem kann man so viel planen, wie man möchte – am Ende kommt es doch oft anders und man muss improvisieren. Ich möchte damit nicht sagen, dass man sich keine hohen Ziele mehr stecken sollte. Aber hier muss man eine gesunde Betrachtungsweise an den Tag legen und erkennen, dass Perfektionismus am Ende relativ ist. Denn mal ehrlich: Wer bestimmt, wann etwas perfekt ist? Wo und wann ist „perfekt" erreicht?

Was meine Texte angeht, musste ich erst lernen, schneller zum Punkt zu kommen. Jeder Texter kennt es bestimmt, dass man sich die erste Version eines Satzes ansieht, sie ändert, überlegt, noch einmal ändert, abwägt und schließlich die letzte und vermeintlich perfekte Version abtippt – nur um dann festzustellen, dass es genau der allerersten Version entspricht. Dieses Im-Kreis-Drehen kostet Zeit und Nerven und ist oft unnötig. Der erste (kreative) Impuls ist oft schon der richtige. Und noch viel wichtiger: Die eigenen 80 % sind – vermutlich öfter als man meint – die vollen 100 % für jemand anderen.

Natürlich sind die bestmöglichen Ergebnisse gern gesehen – von Kunden, Kollegen, Vorgesetzten und natürlich auch von dem größten Kritiker überhaupt, einem selbst. Doch Flexibilität und Schnelligkeit genauso. Wer sich immer in Kleinigkeiten verliert und sich selbst nie gut genug ist, ist nicht nur langsam, sondern auf lange Sicht auch frustrierter. Und das alles wegen einer Messlatte, von der man gar nicht weiß, wer sie gesetzt hat. Also, liebe Freelancer-Kollegen (und natürlich auch alle anderen): Prioritäten setzen, realistisch planen und erkennen, dass die eigene 80-Prozent-Leistung oft schon perfekter ist, als man es sich eingesteht.

Zweifel: Warum Bedenken dazugehören und nichts bedeuten müssen

„Und? Gab es schon den Moment, in dem du deine Kündigung bereut hast?"
Diese Frage stellte mir ein selbstständiger Freund, kurz nachdem mein Freelancer-Leben begann. Bis heute kann ich sie mit Nein beantworten. Allerdings weiß ich genau, woher diese Frage rührt, denn die Selbstständigkeit hat – wie eigentlich jede (Arbeits-)Situation – ihre Vor- und Nachteile. Ganz klar, dass es auch mal Momente des Zweifels gibt, vor allem am Anfang. Jedoch ist ein schlechter Tag mit trüben Gedanken noch lange kein Grund, seine Entscheidung zu bereuen oder gar zu revidieren.

Die Rückmeldungen der Neukunden lassen auf sich warten? Ein Projekt hat sich verschoben? Der Umsatz der nächsten Wochen ist noch nicht planbar und überhaupt ist alles irgendwie gerade zu viel? Es gibt Tage, an denen nervt einfach alles. Nichts will gelingen. Nichts geht schnell genug. Und warum schafft man es einfach nicht, zehn Aufgaben gleichzeitig zu meistern? Überhöhte Anforderungen an sich selbst, Ungeduld, aber auch schlechte Planung oder zu wenig Schlaf sorgen regelmäßig (und nicht nur bei Selbstständigen) zu solch miesen Tagen. Das ist normal und gehört dazu. Wichtig ist nur, diesen schlechten Tagen nicht zu viel Bedeutung beizumessen. Vor allem nicht, wenn es im Großen und Ganzen doch gut läuft, oder?

Gehen wir aber einen Schritt weiter. Es gibt schließlich nicht nur Momente mit schlechter Laune, sondern eben auch Momente des konkreten Zweifelns. Gedanken könnten in diesem Fall so aussehen: Was passiert, wenn ich keine Aufträge bekomme? Oder wenn mir alles zu viel wird? Kann ich wirklich dauerhaft ohne richtige Planbarkeit leben? Wäre ich in einer Festanstellung besser aufgehoben? Wenn dich als Freelance-Neuling ab und an solche Fragen quälen, dann kann ich dich beruhigen. Ich kenne wohl keinen Selbstständigen, der diese Gedanken nicht mindestens einmal hatte. Das heißt nicht, dass du eine Fehlentscheidung getroffen hast, sondern nur, dass du deine Situation evaluierst und diverse Möglichkeiten durchspielst. Und das ist meiner Meinung nach gut so. Manchmal muss man sich eben selbst gewisse Fragen stellen, um zu überprüfen, ob der aktuelle Kurs noch der richtige ist. Jedoch sollte man sich diese Fragen realistisch, in Ruhe und langfristig beantworten und nicht aus einer schlechten Laune heraus. Am nächsten Tag schon kann nämlich alles wieder viel besser aussehen.

Freiheitsgedanken: Warum Freiheit und Verantwortung Hand in Hand gehen

Ich erinnere mich noch gut an den Moment, in dem mir so richtig bewusst wurde, wie frei und ungebunden ich als freiberufliche Texterin war. Es war kein filmreifer Moment. Es waren einfach nicht in Worte zu fassende drei Sekunden, in denen ich überdeutlich gespürt habe, dass ich so frei war wie vermutlich noch nie im Leben. Ich konnte immer arbeiten, wo ich will und ich bestimmte über meine Arbeitszeiten. Hauptsache, ich lieferte pünktlich und mit Qualität beim Kunden ab. Wenn ich mich spontan in einen Flieger nach Lissabon setzen wollte, um dort im Coworking Space zu arbeiten? Dann war das möglich! Wenn ich ein langes Wochenende haben wollte? Dann arbeitete ich eben vor. Wenn es um das Thema Selbstständigkeit ging, stellten meine Mitmenschen immer zuerst den Freiheitsaspekt in den Vordergrund, um den mich viele beneideten. Und ja, keine Frage, der ist genial. Man ist sein eigener Chef, bestimmt (im Grunde) alles selbst und muss sich lediglich vor sich selbst rechtfertigen.

Aber!
Als Freelancer hat man zwar jede Menge Freiheiten, aber diese gehen auch mit jeder Menge Verantwortung einher. Meine Freiheiten – allem voran meine Ortsunabhängigkeit – waren purer Luxus, den ich aber nur voll und ganz ausnutzen konnte, wenn das Geschäft lief. Und für das war ich eben allein verantwortlich. Spontan im Süden Europas zu arbeiten, funktioniert als Freelancer prima, solange man nicht nur den Laptop, sondern auch Disziplin im Koffer hat, um die Projekte für die Kunden wie gehabt zu erledigen.

Am Ende ist es eine gute Mischung aus Fleiß, Zeitmanagement und Organisation, die mich als Freelancer befreiten. Also eine Art geplante Freiheit. Was für manche kontrovers klingen mag, ist das Leben eines Freiberuflers. Natürlich sind wir freier als jemand, der festangestellt und daher weisungsgebunden ist, aber auch wir müssen für Kunden erreichbar sein und unsere Arbeit fristgerecht abgeben. Mal abgesehen davon, dass man auch im Ausland (oder vor dem „tatsächlichen" Urlaub ohne Laptop) die Zügel der Selbstständigkeit fest genug spannen muss, damit gewisse Freiräume überhaupt möglich sind.

Alles hat also seine Vor- und Nachteile. Ob einem das typische Freelancer-Leben ohne richtige Grenzen zwischen Arbeit und Freizeit zusagt, ist eine individuelle Sache. Überwiegt für einen dabei die Freiheit oder die Einschränkung? Das hängt wohl auch davon ab, wie man Freiheit definiert. Die einen fühlen sich durch Sicherheit frei, da diese entlastet. Sicherheit kann in der Freiberuflichkeit jedoch schwanken – vor allem am Anfang. Andere wiederum definieren viel zu reisen und „Immer-sein-wo-man-will" als Freiheit und nehmen weniger Sicherheiten dafür gerne in Kauf.

Egal, zu welchem Typ man gehört: Man ist wohl in keiner Situation – ob nun Freelancer oder Festangestellter – komplett frei oder komplett sicher. Es kommt also darauf an, wo die Prioritäten liegen und was man möchte. Und wenn du das herausgefunden hast und durchziehst, wird alles so zusammenfallen, wie es sein soll. Sicherheit und Freiheit im individuellen perfekten Einklang. Und wenn nicht? Kannst du die Situation auch wieder ändern – so frei bist du.

Gedanken zum Scheitern: Risking a Fuckup? Oh fuck, yes!

Als ich mich selbstständig gemacht habe, fiel mir direkt auf, dass die meisten Mitmenschen beim Begriff Selbstständigkeit auch direkt an das Wort Scheitern denken – oder sagen wir besser, an das Risiko des Scheiterns. Was, wenn das alles nicht funktioniert? Natürlich habe ich mir diese Frage auch vorab gestellt, und das mehr als nur einmal. Als eine Person, die gerne plant (und manchmal auch zu viel), kreiste in meinem Kopf mehr als nur eine offene Frage zu diesem Thema. Wie viele Sicherheiten habe ich? Wie viel Sicherheit brauche ich? Kann ich das durchziehen? Welche Faktoren beeinflussen eine funktionierende Selbstständigkeit? Welche Risiken habe ich und wie hoch sind diese? Und was passiert im allerschlimmsten Fall, wenn ich scheitere?

Kurzum: Ich war verkopft und malte mir die schlimmsten Situationen aus. Was meiner Meinung nach am Anfang (bzw. vor der Kündigung) auch gar nicht verkehrt ist, denn aus einer spontanen Laune heraus sollte man sich definitiv nicht selbstständig machen. Dafür hängt an dieser Entscheidung viel zu viel. Rückblickend würde ich aber sagen, dass es vor allem eine Frage – oder besser gesagt eine Angst – war, die mich vorab sehr lange hat grübeln lassen: Was passiert, wenn ich dabei scheitere?

Niemand scheitert gerne. Wir alle wollen, dass immer alles glatt läuft. Mal abgesehen davon, dass Scheitern vermutlich von dem Großteil der Gesellschaft (noch) nicht als etwas gesehen wird, das eben passieren kann, wenn man etwas Neues wagt, sondern als etwas, das um jeden Preis zu vermeiden gilt. Korrigiere mich, wenn sich hier etwas geändert hat, aber ich denke, das trifft auf die Mehrheit der Menschen (leider) noch zu.

Wie also mit dem Risiko des Scheiterns umgehen? Im Grunde hat man zwei Optionen. Option A: Man lässt sich von den Ängsten und der Vorstellung, dass immer alles geradlinig laufen muss, übermannen und gibt auf, bevor man überhaupt angefangen hat. Oder Option B: Man entwickelt eine „gesunde" Einstellung zum Scheitern und belegt den Begriff mit etwas Positivem. Und glaubt mir, das ist möglich!

Ich habe vor der Kündigung für mich abgewogen: Was ist mir lieber? Die Freiberuflichkeit aus Angst nie ausprobieren und mich immer fragen, ob es geklappt hätte – inklusive der Reue, es nicht probiert zu haben? Oder wage ich den Schritt, mit dem Risiko des Scheiterns, und weiß es dafür ganz sicher – und bin in jedem Fall um viele Erfahrungen reicher? Sowohl Bauch als auch Kopf entschieden sich für die letzte Option. Mir ist durchaus bewusst, dass ich als freiberufliche Texterin ein überschaubareres Risiko hatte als jemand, der zum Beispiel ein Restaurant eröffnet und viel mehr durchdenken muss, vor allem finanziell. Da möchte ich gar nicht alle auf eine Stufe stellen. Es kommt immer auch auf die individuelle Ausgangslage an, ob die Selbstständigkeit (zum aktuellen Zeitpunkt) klug ist. Aber generell habe ich damals für mich entschieden, dass ich lieber scheitere, als den „Hätte-ich-doch-mal"-Gedanken ewig mit mir herumzutragen. Und bei dieser Entscheidung haben mir Familie und Freunde geholfen, dir mir aufgezeigt haben, dass das Schlimmste, was passieren kann, doch eigentlich gar nicht so schlimm ist.

Was genau hätte Scheitern denn für mich im schlimmsten Fall bedeutet? Ich hatte die möglichen Szenarien im Kopf durchgespielt und mich gefragt, was dann passiert und welche Folgen das für mein Leben haben könnte. Das ist schließlich nur menschlich. Aber eines ist mir dabei klar geworden: Ich würde nicht alles kontrollieren können und ich würde nie eine Glaskugel haben, die mir sagt, wie sich zum Beispiel der Markt entwickelt, welche Chancen ich bekomme und wo mich das alles hinführt. Deswegen war es irgendwann einfach auch an der Zeit, die Gedankenspirale zu beenden und zu handeln.

Wo habe ich jetzt aber das Positive am potenziellen Scheitern gesehen? Mir wurde klar, dass – unabhängig davon, ob und wie lange das Freelance-Leben für mich funktioniert – ich sehr viel gewinne, wenn ich das Ganze ausprobiere: Jede Menge neues Wissen in bisher unbekannten Themenbereichen wie zum Beispiel Marketing und Buchhaltung, unternehmerische Erfahrungen, persönliche Weiterentwicklung – nur um ein paar Vorteile zu nennen, die am Ende auf dem Lebenslauf stehen. Doch eine Sache hat besonders überwogen: Ich wusste, ich würde wissen, ob ich es (also das Selbstständig-Sein) kann und ob es funktioniert. Ich würde mich getraut haben und stolz darauf sein. Diese Gewissheit wog für mich mehr als die Angst vor dem Scheitern. Und wenn ich tatsächlich einmal scheitern sollte? Auch dann werde ich Lösungen finden.

On Repeat: Fünf Sätze, die Selbstständige oft zu hören bekommen

Vor allem im ersten Jahr der Selbstständigkeit war mir aufgefallen, dass mir immer wieder die gleichen Fragen gestellt wurden. Dabei ging es zum einen oft um Trugschlüsse, die zum Thema Selbstständigkeit kursieren, zum anderen waren es immer die gleichen Themen, die für meine Mitmenschen von besonderem Interesse waren. So konnte ich ein Repertoire an Fragen und Antworten anlegen, die wohl auf jeden Selbstständigen-to-be warten.

„Und davon kann man leben?" oder auch „Hast du denn genug Aufträge?"
Meine Antwort: Ja, man kann davon leben. Aber das passiert eben nicht von jetzt auf gleich. Man muss Kunden gewinnen, sich Interessenten vorstellen, seinen Namen in der Branche streuen und so eine gewisse Reichweite generieren. Kunden, Aufträge und Erfolge kommen eben nicht von allein. Man muss vor allem in der Anfangszeit die Ärmel hochkrempeln und Vollgas geben, bis das eigene Business ein gewisses Tempo erreicht.

„Wie kommst du denn an Kunden?"
Da hat wohl jeder seine eigenen Wege und oft gewinnt man Kunden auch durch Zufall. Bei mir persönlich war es ein guter Mix aus gezielten Bewerbungen, Social-Media-Aktivitäten in Texter-Gruppen, Glückstreffer-Bekanntschaften während diverser Gründermessen, Weiterempfehlungen sowie Zufallskontakten, die ich im privaten Bereich bei Geburtstagen, Hochzeiten etc. kennenlernte und die mich wissen ließen „Ach, dich bräuchte ich mal für einen Text!". Also immer schön die Visitenkarten mitnehmen oder Kontakte direkt ins Handy einspeichern.

„Die Sicherheit fehlt da aber schon, oder?"
Das Wort Freelancer enthält nicht umsonst das Wort „free": Zum einen hatte ich viele Freiheiten und war mein eigener Chef. Zum anderen ging mit dieser Freiheit auch der Verlust der üblichen Sicherheit einher,

die ich aus der Festanstellung gewohnt war. Doch das klingt für Nicht-Selbstständige vermutlich schlimmer, als es eigentlich ist. Der Druck ist größer, klar. Und mit der fehlenden Planbarkeit muss man (vor allem am Anfang) leben können. Wichtig ist, sich nebenbei immer ein gewisses finanzielles Polster für Zeiten anzulegen, in denen mal weniger Aufträge reinkommen oder plötzlich ein Kunde wegfällt. Dieses Risiko besteht und dessen muss man sich bewusst sein. Wenn das Geschäft aber läuft, wird diese Tatsache nicht ständig im Nacken sitzen.

„Schon cool. Du kannst ja arbeiten, wann und wo du willst!"
Ja, dem stimme ich zu. Die einzige Bedingung ist, dass es dort WLAN gibt. Aber nur so viel: Ich schlief nicht täglich bis mittags oder lag nur am Strand. Ich hatte zwar keine absolut feste Routine, was meine Arbeitszeiten anging, aber auch ich stand morgens zeitig auf, um Projekte abzuarbeiten, für meine Kunden erreichbar zu sein, Deadlines einzuhalten und die vielen bürokratischen Aufgaben zu erledigen. Meine Freiheit bestand aber zum Beispiel darin, dass ich mal ein Nachmittagstief anderweitig nutzen konnte, statt mich mit einer Schreibblockade abzuquälen. Durchaus saß ich dann abends mal länger, dann aber mit frischer Motivation und neuen Ideen. Dass ich jederzeit meine kreativen Phasen voll ausnutzen konnte, sah ich als einen meiner Hauptvorteile in der Selbstständigkeit.

„Respekt. Ich würde wohl nur prokrastinieren."
Nein, würdest du nicht! Wer soll sich um deine Kunden kümmern und das Geld verdienen, wenn nicht du? Es ist ja schließlich deine Selbstständigkeit, die da auf wackligen Füßen steht, wenn du nicht am Ball bleibst. Prokrastinieren geht bestimmt bis zu einem gewissen Grad, vor allem bei Aufgaben, die erstmal keine hohe Priorität haben. Aber als Freelancer hat man Deadlines und Kunden, die sich auf einen verlassen. Ausgeprägte Aufschieberitis ist da fehl am Platz und wird am Ende nur schaden.

Ausgebremst: Sieben nicht so schöne Momente als Freelancer

Auch dieser Abschnitt basiert auf einem Beitrag, den ich vor Jahren auf meinem Blog veröffentlichte. Damals schrieb ich diesen Beitrag vom Bett aus. Und nein, ich war weder semi-faul noch unmotiviert. Ich war ausgebremst durch eine Erkältung. Eigentlich sollte ich damals beim Kunden sitzen und meine kreative Ader für Texte nutzen, aber das Einzige, was in diesem Moment floss, war der Inhalt meiner Nase. Und eigentlich sollte ich in diesem Zustand auch nicht arbeiten – wie jeder andere auch. Aber vielleicht geht doch ein kli-tze-klei-nes bisschen Arbeit?

Diese Szene beschreibt einen Moment, den man als Freelancer eher weniger mag, aber trotzdem erlebt. So sehr ich auch immer hinter meiner Freiberuflichkeit stand, es gab auch mal nachteilige Situationen. Und da ich mich stets um ein realistisches Bild von Selbstständigkeit bemühe, fasse ich einmal in Kürze zusammen, in welchen Momenten die Freiberuflichkeit nicht ganz so super ist.

Wenn das Feedback ausbleibt
Menschen brauchen Feedback. Vor allem bei der Arbeit. Als Freelancer kann dieses zu Beginn länger ausbleiben, wenn man zum Beispiel noch in der Akquisephase ist, die sich hinzieht – oder wenn man noch nicht viele Kunden und Projekte hat, von und zu denen man Feedback bekommt. Manchmal können es auch interne Rücksprachen beim Kunden sein, die sich im üblichen Alltagsgeschäft hinziehen, und das Vorankommen der Projekte ausbremsen. Dann heißt es aber: Nicht durchhängen, sondern sich selbst motivieren. Arbeite in der Zeit an anderen (und vielleicht eigenen) Projekten, erledige Dinge, die lange liegen geblieben sind, oder nutze die Zeit für neue Ideen. Leerlauf kann so ebenfalls weiterbringen. Und wenn das positive Feedback von außen gerade fehlt, dann kannst du es dir wenigstens selbst geben.

Wenn das Homeoffice zum Käfig wird
Für mich überwogen im Homeoffice ganz klar die Vorteile: Ich konnte konzentrierter arbeiten und war meist schneller mit meinen Texten fertig. Allerdings konnte es auch Tage geben, an denen das Homeoffice zum Käfig wurde, aus dem ich ausbrechen wollte – sei es, um eine neue Arbeitsumgebung zu schaffen oder um Kontakte zu Kollegen zu knüpfen. Sorge in diesem Fall für eine Balance. Meine entstand durch eine Mischung aus Homeoffice, Arbeiten beim Kunden, Tagen im Coworking Space sowie diversen Stammplätzen in Cafés, in denen ich gut arbeiten konnte.

Wenn das Internet ausfällt
Der Router blinkt auf eine Weise, die nichts Gutes verheißt. Ich bin abgeschottet von der Business-Welt, Kunden erreichen mich nicht, Recherche ist nicht möglich, irgendwo in der Ferne schreit ein Kind … okay okay, ich lasse die Übertreibungen. Aber ein Internetausfall im Homeoffice – oder generell technische Störungen – waren meine absolut anstrengendsten und nervenaufreibendsten Erfahrungen als Freelancer. Erst recht, wenn diese kurz vor einer Deadline eintraten, der Techniker erst in drei Tagen kommen konnte und ich gezwungen war, wie ein ausgehungertes Digitalopfer in Cafés der Innenstadt oder bei Freunden nach WLAN zu suchen. In solchen Momenten wünschte ich mir immer eine eigens für mich bereitstehende IT-Abteilung. Träumen darf man ja.

Wenn man kostenlos arbeiten soll
Als Freiberufler muss man regelmäßig abwägen, ob eine Zusammenarbeit mit einem Kunden sinnvoll ist. So kann es vorkommen, dass man eigentlich spannende Projekte ablehnen muss, weil man für 50 % weniger oder für gar nichts arbeiten soll. An alle Freelance-Frischlinge: Nein! Steh zu deiner Leistung und ihrem Wert und lass dich von dieser Erfahrung nicht demotivieren. Das nächste passende Projekt kommt!

Wenn Projekte kurzfristig wegfallen
Es kann vorkommen, dass Projekte, die du eingeplant hast, kurzfristig wegfallen. Das ist natürlich schade, gehört aber leider hin und

wieder zum Geschäft dazu. Das liegt nicht zwangsläufig an dir, sondern eventuell wurde die Marketingplanung des Kunden verworfen, gab es Budgetänderungen oder aber das Projekt verschiebt sich einfach nur nach hinten. Je länger du als Freiberufler arbeitest, umso professioneller wirst du mit solchen spontanen Änderungen umgehen bzw. sie im Idealfall ausgleichen können. Ein kurzer Och-Schade-Moment oder Ach-Mist-Gedanke bleibt dir im ersten Moment aber nicht erspart.

Wenn man sich ein eigenes Hamsterrad baut
So kontrovers es klingt, aber es ist bei aller Freiheit als Selbstständiger möglich, sich sein eigenes Hamsterrad zu bauen – obwohl man sich selbstständig gemacht hat, um aus ebendiesem zu entfliehen. Das kann sich daran zeigen, dass man unrealistische To-do-Listen schreibt, sich einen „typischen" Arbeitsrhythmus von Nine-to-Five verordnet, der aber nicht förderlich für die Kreativität ist, oder man aus Gewohnheit in Muster verfällt, die man als Festangestellter zwar einhalten, als Freelancer eigentlich aber auflösen könnte. Der Trick besteht darin, das eigene Hamsterrad zu erkennen und wieder abzubauen, indem man effiziente Arbeitsweisen und Methoden für sich entwickelt, die einem das Tagesgeschäft erleichtern. Irgendwann bist du sensibilisiert für das vermeintliche DIY-Hamsterrad und du wirst dich immer seltener darin wiederfinden.

Wenn eine Erkältung zurückwirft
Als Selbstständiger krank zu sein, ist doof. Mehr als doof. Schließlich hat man ein großes Verantwortungsgefühl seinen Kunden gegenüber, oft keinen Ersatz für sich selbst (es sei denn, du hast eine Vereinbarung mit anderen Freelancern getroffen) und zudem dann auch noch Einnahmenausfall. Doch auch als Freelancer bedeutet Kranksein eben Kranksein – und demnach heißt es dann auch ab ins Bett und Laptop aus. Kunde und Konto sind es einem eher dankbar, sich früh auszukurieren und schnell wieder da zu sein, als es zu verschleppen und dann auf lange Sicht auszufallen. Eigentlich logisch, oder? Mein Freelancer-Mindset hat das aber auch erst im zweiten Geschäftsjahr aufgenommen. Aber besser spät als nie.

Und was sage ich dazu, dass ich damals mit Kopfschmerzen im Bett lag und trotzdem diesen Text hier schrieb? Kkrrrm. Räusper. Erwischt. Nicht nachmachen!

Aufs Bauchgefühl vertrauen: Mal anders zu entscheiden, ist nicht schlimm

Meine Entscheidung für die Selbstständigkeit war nicht über Nacht gefallen. Bis ich tatsächlich gekündigt hatte, gingen einige Recherchen, Gespräche mit anderen Freelancern und Pro-Contra-Listen ins Land. Ja, richtig gehört. Pro-Contra-Listen. Wer den Schritt in die Selbstständigkeit wagen möchte, sollte sich vorher gut überlegen, was da alles auf einen zukommt und ob man der Typ dafür ist.

Hier soll es jetzt gar nicht noch einmal um die Fragen gehen, die man sich vor der Kündigung stellen sollte oder um Gründe, die für das Freelance-Leben sprechen (denn diese habe ich im Kap. „Vor der Kündigung: Frage von Sprung und Wagnis" bereits behandelt). Ich möchte hier schlicht und einfach über das Thema Entscheidungen schreiben. Diese treffen wir täglich. Mal große und mal kleine. Manche sind schneller gefallen und andere wiederum beanspruchen etwas mehr Zeit. Einige von uns tun sich schwer mit Entscheidungen, anderen gehen sie leichter von der Hand. Wie und in welchem Tempo wir Entscheidungen treffen, hängt meiner Meinung nach vor allem mit dem Typ Mensch und den eigenen Prioritäten zusammen. Und ja, die Art und Weise, wie wir aufgewachsen sind, spielt da vermutlich auch mit. Aber genau das ist der Knackpunkt.

So flexibel und offen unsere Gesellschaft mittlerweile ist, merke ich doch immer wieder, wie es in vielen Lebensbereichen nur „die eine" vermeintlich richtige Entscheidung gibt. Wer den gegensätzlichen Weg geht, wird oft erstmal schief angesehen. Das habe ich vor allem während meiner Selbstständigkeit gemerkt. „Hast du dir das denn gut überlegt?", wurde ich oft kritisch und besorgt gefragt. Natürlich hatte ich eine Entscheidung, die mein Leben grundlegend verändert, gut durchdacht. Und nur weil dieser Weg für andere nichts war, hieß das nicht, dass es bei mir scheitern würde. Meine Prioritäten lagen einfach mehr auf der Selbstverwirklichung und auf diversen Freiheiten. Da nahm ich mehr Unsicherheiten, weniger Materielles (wie zum Beispiel weniger Kleider-Shopping, Verzicht auf Auto und eine kleinere Wohnung) und vorerst geringere Planbarkeit gerne in Kauf. Was uns am Ende zufrieden macht, können schließlich nur wir allein entscheiden.

Was will ich jetzt mit diesen Worten genau sagen? Trau dich, deine Entscheidungen nach deinem Bauchgefühl zu treffen. Wenn sich etwas richtig anfühlt (oder auch das Pro in der Pro-Contra-Liste eindeutig überwiegt), dann ist es vermutlich auch richtig für dich. Ist es unkonventionell? Also eher ungewöhnlich? Das ist völlig egal, solange du dabei happy bist. Du stehst schließlich mit niemandem im Wettbewerb und du musst dich vor niemandem rechtfertigen. Und wenn es doch mal nicht ganz funktionieren oder scheitern sollte? Das wäre wohl eher selten der Untergang der Welt, denn an diesem Punkt kannst du erneut eine Entscheidung treffen. In welche Richtung diese geht, liegt wieder ganz allein bei dir. Vor allem als Freelancer wird man lernen, auf die eigene Intuition zu hören. Zumindest war das bei mir der Fall. Und bisher habe ich keine einzige meiner Entscheidungen bereut. Die schwierigen Fragen des Lebens tauchen übrigens eher mal an anderen Stellen auf. Apropos, was esse ich heute eigentlich zu Mittag ...?

Me-Time statt Mimimi: Klaren Kopf behalten durch Selbstcoaching

Manchmal ist es an der Zeit, sich rauszunehmen – aus dem Alltag, dem Trubel und dem Stress. Sei es, um einfach mal allein zu sein, neue Energie zu tanken oder um sich in Ruhe Gedanken zu machen, wo man im Leben steht und wo man hinmöchte. Dieses Rausnehmen aus allem führe ich seit Beginn meiner Selbstständigkeit regelmäßig durch – und nenne es ganz simpel Selbstcoaching.

Vor allem am Anfang meiner Selbstständigkeit passierte so viel in kurzer Zeit, dass ich öfters das Bedürfnis hatte, kurz den Pausenknopf zu drücken und alles sacken zu lassen. Doch wenn es läuft, dann läuft's eben – und man selbst als Freiberufler-Frischling im Hechtsprung hinterher. Trotz allem habe ich versucht, mir Zeit für ein Freelancer-Tagebuch einzuräumen, um alles Geschehene aus meinem Kopf und auf Papier zu bringen, und wenn es nur 30 min pro Woche waren – zum Glück, denn genau daraus entstand am Ende dieses Buch.

Aus diesem recht einfachen Niederschreiben von allem, was in meinem Leben passierte, hat sich mit der Zeit eine bestimmte Inhaltsstruktur herauskristallisiert – bestehend aus Fragen, die ich mir immer wieder stelle und auch stellen sollte. Sie helfen mir, klarer zu sehen, wo ich stehe, was ich erreicht habe und was ich in Zukunft möchte. Sie sind zu einer Art Selbstcoaching-Programm geworden, das ich immer dann durchführe, wenn es mal zu viel wird oder eine wichtige Entscheidung ansteht. Vor allem in Es-ist-alles-möglich-Momenten hilft mir das immer wieder, den richtigen Weg in einem (schönen, aber doch manchmal überfordernden) Wald aus Optionen zu finden.

Wie oft oder wie lange ich mich hinsetze, um mich selbst zu coachen, hängt von der Zeit und dem Bedarf ab. Da gibt es keine Regel und das ist wohl eine individuelle Entscheidung – genauso individuell wie die Fragen, die man an sich selbst stellt, sei es im Business oder im Privatleben. Doch mich haben die folgenden Fragen immer wieder weitergebracht:

Wo stehe ich aktuell? Welche Erfolge kann ich verzeichnen?
Hierbei konzentrierte ich mich auf den Ist-Zustand meiner Selbstständigkeit. Schwarz auf Weiß wurde mir besonders deutlich, was gut lief und worauf ich stolz sein konnte. Waren die Kunden besonders zufrieden in den letzten Monaten? Hatte ich meine Ziele erreicht? Stechen Erfolge hervor, die so nicht absehbar waren und mich weitergebracht haben?

Bin ich mit der aktuellen Situation zufrieden? Wenn nicht, was fehlt mir?
Spätestens bei dieser Frage wird es Zeit, ehrlich mit sich zu sein. Es ist nicht immer alles nur toll und ich versuche stets herauszufinden, womit ich zufrieden bin und ob mir etwas fehlt. Und wenn mir tatsächlich etwas fehlt, frage ich mich: Wie schwer wiegt das? Ist das nur ein kurzes

Gefühl oder wird mich das in drei Monaten noch beschäftigen? Es geht aber auch umgekehrt, nämlich in die positive Richtung: Manchmal hat man das Gefühl, dass man etwas vermisst oder etwas nicht ganz rund läuft, stellt aber nach reiflicher Überlegung fest, dass das Gegenteil der Fall ist.

Welche Ziele und Prioritäten habe ich? Hat sich daran etwas geändert?
Welche Themen möchte ich gerne bearbeiten? Wie viel Umsatz strebe ich an? Inwiefern möchte ich mich kreativ ausleben? Möchte ich zum Beispiel meinen Blog ausbauen? Möchte ich eine Fortbildung bis Ende des Jahres absolvieren oder eine größere Reise planen? Wie verbinde ich das mit meiner Arbeit? Die Fragen, die man sich als Freelancer stellen kann/muss/sollte, sind zahlreich. Am Ende fallen diese Dinge meiner Meinung nach aber auf zwei große Fragen zurück: Was sind meine Ziele und was sind meine Prioritäten? Diese können sich immer wieder ändern – was völlig okay ist. Aber dann noch die alten Methoden anzuwenden und alten Wege einzuschlagen, könnte kontraproduktiv sein. Ich würde diesen Aspekt wohl auch als wichtigsten meines Selbstcoachings bezeichnen: Denn nur, wer sich darüber im Klaren ist, was er will, und das entsprechend verfolgt, kann am Ende zufrieden sein. Die Meinungen anderer schiebe ich hier übrigens getrost immer zur Seite.

Wie erreiche ich meine (neuen) Ziele? Was kann und muss ich dafür tun? Welche Optionen habe ich?
Hier wird's oft knifflig: Zumeist stehen einem mehrere Möglichkeiten offen, um seine Ziele zu erreichen. Das ist wunderbar und anstrengend zugleich. Wie soll man da noch die passende Option finden? In meinem Fall löse ich das Problem immer durch eine Mischung aus Alle-Optionen-Durchspielen, Ziele-und-Prios-mit-Optionen-in-Relation-Setzen und Auf-mein-Bauchgefühl-Vertrauen. Besonders als ich freiberuflich arbeitete, merkte ich, wie sehr ich mich auf mein Bauchgefühl verlassen konnte, und lag damit bisher auch immer richtig.

Und wenn mal etwas nicht so laufen sollte, wie erhofft – trotz aller Überlegungen und gutem Gefühl? Ganz ehrlich, wir sind alle Menschen und nicht alles ist planbar. Einen Weg kann man korrigieren – sowohl auf Papier als auch im echten Leben.

Sprung ins Ungewisse? Warum Freelancer nicht „keine", sondern eine andere Form von Sicherheit haben

In Deutschland leben wir in einem der sichersten Länder der Welt. Uns fehlt es im Großen und Ganzen an nichts und wenn es bei jemandem – aus welchen Gründen auch immer – doch einmal eng werden sollte, wird man erst einmal aufgefangen. Grundsätzlich würde ich die Deutschen als sehr sicherheitsliebendes Volk beschreiben. Es ist ja auch völlig menschlich, Sicherheit schaffen zu wollen. Auch mir war das immer sehr wichtig, weshalb ich mich eigentlich nie als Selbstständige gesehen hatte. Und die Frage „Was passiert, wenn es nicht funktioniert?" habe ich mir vor meiner Kündigung mehr als einmal gestellt. Dabei ist die Angst, als Freiberufler keinerlei Sicherheiten mehr zu haben, meiner Meinung nach ein Trugschluss und hängt auch mit der eigenen Denkweise zusammen. Aber fangen wir von vorne an.

Was wäre das Worst-Case-Szenario?
Bei meiner langen Hin-und-Her-Überlegerei vor der Kündigung habe ich natürlich auch im Kopf durchgespielt, wie ein Worst-Case-Szenario aussehen würde. Wie so oft war es für mich hilfreich (statt auf erste Impulse und oberflächliche Meinungen von außen zu hören), einfach mal den Stift in die Hand zu nehmen und Schwarz auf Weiß zu skizzieren, wie der schlimmste aller schlimmsten Fälle aussehen würde. Meiner sah damals so aus, dass mich die Selbstständigkeit überfordern, kein Unternehmen mit mir arbeiten wollen, mein Erspartes für die Anfangszeit nicht ausreichen und ich völlig pleitegehen würde – und ich somit wieder von meinen Eltern oder vom Staat abhängig wäre oder gar meine Wohnung verlassen müsste, um dann auch noch (als Sahnehäubchen in diesem Drama) keinen neuen Job zu finden.

Ich sage ja, ich wollte das schlimmstmögliche Szenario durchspielen. Allerdings habe ich dabei nicht noch mehr Angst bekommen, sondern festgestellt, wie viel erst einmal schiefgehen muss, um überhaupt in diese Situation zu geraten. Antwort: Sehr viel! Zeitgleich nahm eine meiner ältesten Freundinnen der Worst-Case-Sorge den Wind aus den Segeln, indem sie fast ganz nebenbei beim gemeinsamen Essen sagte: „Wenn das passiert, kommst du eben zu uns, bis du was Neues hast." So simpel kann es sein. Und so schnell erkennt man über einem Teller Falafel, dass selbst die vermeintlich unsichersten Szenarien gar nicht so unsicher sein müssen – es kommt ganz darauf an, aus welcher Richtung man sie betrachtet und wie viel Unterstützung man hat.

Risikoabschätzung muss trotzdem sein
Ich möchte mit meiner hübschen Anekdote gar nicht darüber hinwegtäuschen, dass man sich vor einer Kündigung/Gründung über das damit einhergehende Risiko klarwerden sollte. In meinem Fall als Texterin und in meiner damaligen Lebenssituation war dieses eben sehr überschaubar. Ich hatte nur wenige Anschaffungen, um die ich mich kümmern musste. Über die Homeoffice-Ausstattung gingen meine anfänglichen Investitionen nicht hinaus. Für Website und Fotos hatte ich Kollegen und Freunde zusammengetrommelt, die mir halfen. Zudem hatte ich für die ersten Monate Rücklagen geschaffen, mit denen ich im Notfall auch auftragslos überleben konnte. Und für die weitere Lebensplanung galt es eben, sich an der neuen Situation zu orientieren. Was ich damit sagen will: Auch in einer unsicheren Lebensphase wie dem Beginn der Selbstständigkeit lässt sich eine gewisse Form von Sicherheit schaffen. Dies erfordert allerdings eine realistische Einschätzung der eigenen Situation, der Zukunftsfähigkeit des geschäftlichen Vorhabens sowie den Willen, den Lebensstil im Notfall zeitweilig zu ändern.

Ich definiere Sicherheit neu
Beim Selbstständigen-Dasein denken viele erst einmal an einen Sprung ins Ungewisse – von dem man nicht weiß, wie er endet. Auf eine gewisse Art ist es das auch. Es kommt aber auf die Frage an, wie hart man am Ende denn fallen würde. Wenn dort statt hartem Beton

ein paar weiche Matratzen warten, die Freunde und Familie im Notfall zurechtschieben, ist dieser Sprung ins Ungewisse gar nicht mehr so schlimm. Zudem habe ich gelernt, dass man als Freiberufler nicht „keine" Sicherheit hat, sondern eben nur eine andere Form davon. Eine, die man sich vor allem selbst schaffen muss – unter anderem durch einen anderen Umgang mit Finanzen, durch eine private Altersvorsorge, durch diszipliniertes Wirtschaften und mithilfe einer neuen Denkweise, mit der man Sicherheiten nicht nur in einem monatlichen Gehaltsscheck sieht. Statt „Ich habe kein festes Einkommen mehr" sollte man eher „Als Freelancer habe ich mehr als eine Einkommensquelle" sagen.

Und wenn doch mal was schiefgeht?
Ganz klar. Ein gewisses Restrisiko, dass die Selbstständigkeit nicht gelingt oder nicht dauerhaft funktioniert, ist immer gegeben. Niemand hat eine Glaskugel, die sagen kann, was in ein, zwei oder drei Jahren passiert. Jedoch sollte man sich nicht von diesem Risiko abschrecken lassen bzw. sollte man lernen, mit dieser Ungewissheit klarzukommen – und vor allem eine gesunde Einstellung zum potenziellen Scheitern haben. Denn am Ende wirst du so oder so einen lehrreichen Schritt weitergekommen sein.

On Tour: Ausflug als Digitalnomade

Inhaltsverzeichnis

Allein verreisen: Warum eigentlich nicht? 91
Überall arbeiten: Coworking und Coliving für Selbstständige 93
Coliving in Lissabon: Meine erste Woche als digitaler Nomade 96

Allein verreisen: Warum eigentlich nicht?

Die Tatsache, dass man als Freelancer zeit- und ortsunabhängig arbeiten kann, habe ich jetzt schon oft als so ziemlich schönsten Vorteil der Selbstständigkeit hervorgehoben. Was kann denn bitte mehr Freiheit bedeuten, als immer völlig ungebunden entscheiden zu können, wo man am nächsten Tag sein möchte? Solange schnelles Internet gegeben ist, hält einen ja theoretisch nichts zurück.

So fragte man mich auch regelmäßig während der Selbstständigkeit, warum ich noch nicht auf und davon bin, als digitaler Nomade monatelang durch die Welt gondelnd. Es lag auf jeden Fall nicht daran, dass ich mich nicht auf den Weg machen wollte. Ich bin ehrlich gesagt ziemlich gut darin, allein unterwegs zu sein. Und „allein" ist meiner

Meinung nach sowieso ein relativer Begriff. Warum habe ich also nicht alle Zelte in Deutschland abgebaut? Die Antwort: Ich sah mich „nur" als halben digitalen Nomaden, der eine feste Basis in Frankfurt hat, aber immer wieder zwischendurch Laptop & Co. einpackt, um dieser Basis den Rücken zu kehren und um die Flexibilität und Freiheit der Arbeitssituation zu nutzen. Und mit dieser Aufteilung habe ich mich immer am wohlsten gefühlt. Meinen Hotspots London und Berlin kam dabei immer wieder eine besondere Rolle zu, da ich diese Städte durch vergangene Praktika, Jobs und bestehende Freundeskreise im Grunde als Zweit- und Drittheimat liebgewonnen hatte.

Natürlich stehen noch viele Destinationen aus, die ich entdecken möchte. Nicht zwangsläufig, aber durchaus auch wieder allein. Für manche ist das nicht sehr verwunderlich. Andere wiederum verstehen nicht ganz, wie man Spaß daran haben kann, allein unterwegs zu sein. Eindrücke mit jemandem zu teilen, ist doch schön und wichtig. Stimmt, das kann ich nur bestätigen. Und doch konnte ich als Freelancer dem Solo-Worken-and-Traveln viel abgewinnen. So unter anderem:

Man muss sich (überwiegend) auf sich selbst verlassen
Klingt vielleicht erst einmal nicht so attraktiv, ist aber etwas absolut Positives, wenn man bedenkt, wie selbstsicher das am Ende macht. Ob es jetzt darum geht, einen Auslandsaufenthalt zu organisieren, sich an einem neuen Ort zurechtzufinden oder auf fremde Menschen zuzugehen. Allein hat man nicht das „Wenn-ich-das-nicht-hinbekomme-dann-eben-mein-Reisepartner"-Backup. Das zwingt dich nicht nur dazu, offener zu sein, sondern reißt dich auch ab und an aus gewohnten Verhaltensmustern. Was mich schon zum nächsten Punkt bringt.

Man wird aus der eigenen Komfortzone gerissen
Etwas zu wagen oder einfach mal allein etwas Neues auszuprobieren, bedeutet auch immer, die eigene Komfortzone zu verlassen. Sich auf unbekanntes Terrain zu verirren. Einfach mal nach links abbiegen statt nach rechts. Wer weiß, was da auf dich wartet? Und was man da über sich selbst lernt? Wer sich aus seinen Gewohnheiten reißt, wird Fähigkeiten oder Eigenschaften in sich entdecken, deren man sich vorher so

nicht bewusst war. Was dich von dem Altbekannten wegzieht, muss meiner Meinung nach nicht zwangsläufig ein fremder Ort sein. Es kann auch ganz simpel eine neue Arbeitsmethode sein, ein Event oder auch eine Person, die man im Zug X nach Ort Y getroffen hat. Die eigene Komfortzone verlassen musste ich definitiv, als ich mich selbstständig gemacht habe. Doch außerhalb dieser geschehen ja bekanntlich die schönsten Dinge.

Man kommt zur Ruhe
Nicht durchweg jemanden um sich zu haben, erlaubt es, sich auch mal mit sich selbst zu beschäftigen. Dinge zu verarbeiten, Geschehnisse sacken zu lassen, neue Ziele abzustecken oder um einfach mal den Kopf richtig durchzulüften. Das macht ja heute gefühlt keiner mehr. Dabei sind Pausen und Auszeiten, wie ich immer predige, essenziell. Sei es, um Energie für kommende Projekte zu tanken oder um den Kreativitätsspeicher wieder aufzufüllen. Das passiert schließlich immer genau dann, wenn die Räder im Oberstübchen ausnahmsweise mal stillstehen.

Man kann machen, was man will
Einfaches Statement mit viel Wirkung. Allein entscheiden zu können, womit man sich wie lange beschäftigt, ob man sich spontan umentscheidet, ob man faul in den Tag lebt oder eben ein straffes Programm durchzieht – das bezeichne ich durchaus als Luxus. Im eigenen Rhythmus und Tempo ohne Rechtfertigung zu arbeiten und zu urlauben, kann Balsam für die Seele sein. Man muss sich nur darauf einlassen.

Überall arbeiten: Coworking und Coliving für Selbstständige

Freiberuflern eilt oft ein bestimmtes Klischee voraus: Sie seien Einzelkämpfer und einsam. Immer nur allein zuhause und ohne Team. Die erfahrenen Freelance-Kollegen unter euch werden protestieren oder schmunzeln. Ja, manchmal vergraben wir uns tatsächlich tagelang in der eigenen Bude, um ein Projekt fertigzustellen. Aber gar nicht so selten trifft man uns auch in den sogenannten Coworking und Coliving Spaces. Bei vielen Freiberuflern und Digitalnomaden sind diese Wörter fester Bestandteil des Alltags, Festangestellten und Freelance-Neulingen jedoch oft noch kein Begriff. Deshalb lass mich dir hier noch einmal kurz auf die Sprünge helfen:

Was bedeuten Coworking und Coliving?
Ein Coworking Space steht für einen Ort, an dem sich (meist) Freelancer treffen und gemeinsam („Co") arbeiten („Work") – ob nun miteinander oder nur nebeneinander. Weltweit gibt es diese Arbeitsplätze, die auch für Selbstständige ein gewisses Ich-bin-im-Büro-Gefühl vermitteln, inklusive lockerem Café- oder Luxus-Office-Feeling – je nachdem, was einem beliebt. Leben dieselben Freelancer auch noch zusammen im gleichen Gebäude, spricht man von Coliving („Co" + „Live", also „Leben"). Ziel und Zweck dabei ist, Gleichgesinnte zu treffen, eine Community aufzubauen und sich gegenseitig zu motivieren.

Wie kommt man zum Coworken?
So schön es ist, sein eigener Chef zu sein, sehnt man sich auch als Freiberufler manchmal nach Kollegen, einem Gemeinschaftsgefühl und einem kurzen Kaffeetratsch. Nicht zuletzt entstehen viele Ideen zufällig im Gespräch. Einen Coworking Space zu finden, ist heutzutage einfach, denn diese gibt es mittlerweile in ziemlich allen größeren Städten weltweit. Dabei bieten die meisten Coworking Spaces unterschiedliche Mietmodelle an – vom Tages- oder Monatspass bis zum Dauerpass, vom Platz im Großraumbüro bis zum Einzelplatz, wahlweise mit E-Mail-Adresse und Postfach. Für jeden Freelancer, Selbstständigen, Digitalnomaden, Geldbeutel, Zeitraum und Rhythmus gibt es also das passende Modell. Alles, was du dafür tun musst, ist eine gründliche Internetrecherche.

Meine Coliving-Erfahrung: Lissabon
Outsite bietet Coworking Spaces auf der ganzen Welt an, ob nun auf Bali oder Hawaii, in Kalifornien, Portugal oder in der Schweiz.

Und bevor ich weitererzähle, möchte ich anmerken, dass ich für die Erwähnung dieses Namens nicht bezahlt wurde, sondern völlig freiwillig über meine dortigen Erfahrungen schreibe – etwas detaillierter übrigens im nächsten Abschnitt.

Also zurück nach Lissabon: 2018 mietete ich mich für eine Woche in *Outsite Lisbon* ein. Das Coworking Space ist in diesem Fall zeitgleich ein Coliving Space und befindet sich im Viertel Cais do Sodré, nur fünf Minuten vom Fluss Tejo und zehn Minuten von den zentralen Einkaufsstraßen und Touristenpunkten entfernt. Bürofläche und Gemeinschaftswohnungen befinden sich in ein und demselben Gebäude. Für jeden Komfortwunsch und jedes Budget gibt es das passende Zimmer, vom Einzelbett im Zweierzimmer mit geteiltem Bad bis zum Doppelbett im Einzelzimmer mit privatem Bad. Im Erdgeschoss befindet sich die sehr offene und helle Bürofläche mit Einzeltischen, Gruppentischen, Couches und Meeting-Räumen. Der Kontakt zu den Mitbewohnern erfolgte wie von allein durch organisierte Events oder die hauseigene WhatsApp-Gruppe. Ich lebte damals mit vier weiteren Digitalnomaden auf einer Etage zusammen und lernte noch einige mehr beim Arbeiten, Tapas-Abend und bei gemeinsamen Erkundungstouren durch die Stadt kennen. Was ich sonst von dieser Zeit mitnehmen konnte? Inspiration, Motivation, eine Freundschaft, die mich ein Jahr später nach Spanien führte, handfeste Erfahrungen aus dem Digitalnomaden-Leben und nächtliches Tanzen durch die Straßen Lissabons. Ein weiteres Highlight war die Nähe zum Tejo und zur Station Cais do Sodré, von der man in das 45 min entfernte Strandbad Cascais gelangt.

PS: Gearbeitet habe ich dort übrigens auch.

Und? Wo arbeitest du?
Habe ich dich angefixt? Bist du neugierig darauf, mal einen Coworking Space auszuprobieren? Ob dir die Arbeit im Coworking bzw. Coliving Space zusagt, musst du einfach austesten. Andere Freelancer bei der Arbeit zu sehen, gibt mir persönlich immer einen Push, noch mehr an diesem Tag zu leisten. Es spricht aber natürlich auch nichts dagegen, allein zuhause in der stillen Bude zu sitzen, um konzentriert ein Projekt zu beginnen. Da bist du als Freiberufler – wie so oft – in deiner Wahl

völlig frei. Aber bitte entschuldige mich nun, ich muss mal raus und andere Menschen sehen … Ciao!

Coliving in Lissabon: Meine erste Woche als digitaler Nomade

Lange hatte ich 2018 überlegt, wo es für die erste richtige Erfahrung als Digitalnomade hingehen sollte. Stockholm? Barcelona? Prag? Letztendlich habe ich mich dann für Lissabon entschieden, um mir das erste Mal einen Coliving und Coworking Space anzusehen und eine Woche lang ins Leben der „echten" digitalen Nomaden einzutauchen. In den Jahren zuvor habe ich mich viel mit dem Thema beschäftigt und meine Zeit in Lissabon sollte Probelauf, Ersterfahrung und Halb-Urlaub zugleich sein. Wie habe ich meine Tage dort empfunden? Was habe ich über das Nomadenleben festgestellt? Und würde ich das wiederholen?

Teil der Community ab der ersten Sekunde
Es ist nicht einfach zu beschreiben, aber die Coworking- und Coliving-Nomaden-Gemeinschaft nimmt – wenn nicht sogar saugt – dich direkt auf. Man hat schließlich etwas gemeinsam: Nämlich das ortsunabhängige Arbeiten, das Unterwegs-Sein, das Loslassen von traditionellen Strukturen (auch wenn teilweise nur für einen kurzen Zeitraum) und das Länderentdecken mit Halb-Fremden/Halb-Bekannten aus der ganzen Welt. Du lebst auch im Coliving Space? Klar, dann gehörst du automatisch dazu. Keine Frage. Digitale Nomaden sind – es war nicht anders zu erwarten – sehr offene, tolerante, optimistisch gestimmte, gut gelaunte und kreative Freigeister. Ausgeschlossen wird hier niemand.

Solo unterwegs? Nicht, wenn du es nicht willst
Wer nicht gerade als Paar, Business-Team oder mit Freunden anreist, ist hier solo unterwegs. Wie ich aber bereits habe durchblicken lassen, muss man das nicht lange sein. Durch eine WhatsApp-Gruppe war ich mit allen Nomaden, die in meinem Haus lebten, verbunden. Spontane Drinks am Abend, ein Ausflug an den Strand oder ein gemeinsamer

Tapas-Abend waren schnell organisiert. Aber keine Sorge, hier herrscht kein Gruppenzwang. Wer anderweitig verabredet ist oder einfach mal allein etwas unternehmen will, der macht das einfach. Hinzu kommen die unterschiedlichen Arbeitszeiten der Nomaden, die ein Zusammentreffen manchmal verhindern – wie du im nächsten Absatz erfahren wirst.

Jeder hat seinen individuellen Rhythmus
Die einen arbeiten spät abends im Zimmer, da der Kunde auf der anderen Seite der Welt sitzt. Die anderen haben eine strenge Schicht von 14 bis 22 Uhr, um mit den Kollegen in San Francisco zeitgleich zu arbeiten. Andere wiederum sitzen morgens als erster Nomade um 9 Uhr im Coworking Space (okay, es war 10 Uhr, aber ich habe den Deutschen mal wieder alle Ehre gemacht), checken ihre Mails und wundern sich, ob denn alle anderen noch schlafen. Ich stellte sehr schnell fest: So flexibel und ungebunden man ist, digitale Nomaden sind natürlich je nach Projektlage und Zeitzonen doch wieder durch Deadlines, Webmeetings und Calls gebunden. Jeder hat hier seinen individuellen Rhythmus und jeder zieht hier sein Ding durch. Ist dann also doch wieder solo. Man kommt eher spontan zusammen, um etwas zu unternehmen, und plant nicht zu lange im Voraus. Die, die man gerade kennengelernt hat, verschwinden manchmal nach drei Tagen schon wieder und machen Platz für die nächsten Digitalkollegen, die vielleicht etwas länger bleiben. Es ist ein Kommen und Gehen, Kennenlernen und Verabschieden, Getrennt-Arbeiten und Gemeinsam-Entspannen am laufenden Band. An diese Dynamik musste ich mich erst einmal gewöhnen. Ich war zwar nur eine Woche dort und es kommt immer auf die Zusammensetzung der Menschen in den Coliving Spaces an, aber hier lässt man die Tage einfach passieren und jeden Tag lernt man jemand oder etwas Neues kennen.

Sonne, Palmen und die Motivation
Man könnte annehmen, mit 30 Grad im schönen Lissabon und dem Tejo nur drei Straßen entfernt, fiel die Arbeit schwer. Das Gegenteil war der Fall. Der Blick aus den Glasfronten des Coworking Spaces auf die schönen Straßen Lissabons motivierte mich eher, meine Aufgaben

schnell abzuarbeiten, um mich so bald wie möglich auf den Weg ins Strandbad Cascais oder zu den Palästen von Sintra machen zu können – und das fühlte sich nach getaner Arbeit übrigens noch viel besser an.

Eine Woche ist zu kurz für einen Coliving Space
Da ich nur eine Woche in Lissabon verbracht habe, würde ich meine Digitale-Nomaden-Erfahrung nur als kleinen Einblick in deren Welt bezeichnen. Um den Lebensstil sowie den Rhythmus und das Lebensgefühl dieser Gemeinschaft richtig kennenzulernen, wären ein paar Wochen länger auf jeden Fall notwendig gewesen. Wer weiß? Ich würde auf jeden Fall wieder in einen Coliving Space gehen. Und vielleicht begegnen mir dann wieder meine neuen Nomadenfreunde aus Texas, Großbritannien, Südkorea, Australien oder Bulgarien – um nur ein paar zu nennen.

Last but not least: Eine Wende

Inhaltsverzeichnis

Motiviert durch eine Krise: Geht das überhaupt?. 99
Neue Herausforderung gesucht: Wann es Zeit für etwas Neues wird 102

Motiviert durch eine Krise: Geht das überhaupt?

Am 13. März 2020 kam der Anruf, mit dem ich schon seit längerem gerechnet hatte. Ich saß gerade im Zug auf dem Weg zur Geburtstagsparty meines Neffen, als ich die Nummer meines zu diesem Zeitpunkt größten Auftraggebers auf dem Handy aufflimmern sah. An einem Freitagnachmittag? Das konnte nichts Gutes heißen. Und mit meiner Vorahnung lag ich leider richtig. Aufgrund der unsicheren Lage durch die Corona-Pandemie müsse die Agentur alle Freelancer bis auf Weiteres ziehen lassen – mit der Hoffnung, dass man alle in zwei bis drei Monaten wieder zurückholen könne. Zwei bis drei Monate … wie lang das damals schien.

Überrascht hatte mich der Anruf nicht. Dass Corona eine größere Sache wird und sich länger hinziehen könnte, das hatte man schon im Gefühl. Aber zu diesem Zeitpunkt hatte ich keine Ahnung, was auf mich zukommen würde. Das Jahr 2020 war für mich ruhig und turbulent zugleich. Es passierte nichts und gleichzeitig unglaublich viel. Da ich meinen zu der Zeit größten Kunden verloren hatte, auch meine anderen Kunden mit ihren Ausgaben vorsichtig waren und ich nicht wusste, ob und wann der nächste größere Auftrag reinflatterte, beantragte ich Corona-Soforthilfe zur Überbrückung. Es dauerte nur einen Tag, bis der Antrag genehmigt wurde, und nicht einmal eine ganze Woche, bis das Geld auf meinem Konto einging. So weit, so sicher. Ich wusste, ich würde die nächsten Monate also überbrücken können. Denn Fakt war, dass der Markt für mich gefühlt stillstand. Ich hatte die Corona-Hilfe, einen bestimmten Betrag angespart und Rücklagen für die Steuer, die ich aber nur im allerschlimmsten Notfall angreifen wollte. Ich schien erst einmal safe. Doch Sorgen machte ich mir trotzdem. Was, wenn ich nun keine Aufträge mehr bekommen würde? Wie lange würden die Corona-Hilfe und mein Erspartes ausreichen? Und was sollte ich tun, sobald alles aufgebraucht war?

Tägliche Existenzängste inklusive
Im Hinterkopf brodelten die Existenzängste. Ich konnte zwar über das Jahr 2020 hinweg immer wieder kleinere Projekte und neue Kunden anwerben, aber ohne die Soforthilfe und mein Erspartes hätte mein Geld nie völlig zum Leben ausgereicht. Ich musste immer wieder mit meinen Rücklagen überbrücken – und wusste, dass die Rücklagen einmal ein Ende haben werden. Hinzu kam, dass die Selbstständigkeit, die ich so liebte, mir in dieser kritischen Situation (fast) keinen Spaß mehr machte. Alles lief langsam oder eben gar nicht. Kunden und Interessenten waren (verständlicherweise) zurückhaltend mit ihren Ausgaben. Aufträge hielten sich in Grenzen und wenn welche ausgeschrieben wurden, war die Konkurrenz sehr stark – denn aktuell hatten viele Freiberufler sehr viel Zeit. Es begann für mich die Zeit der Suche: nach Projekten, nach festen Joboptionen, die ich in Teilzeit angehen könnte, um immer noch nebenberuflich selbstständig arbeiten zu können, und nicht zuletzt nach Ablenkung – von dieser globalen Misere, von der wir alle vor Kurzem noch nicht dachten, dass sie tatsächlich eintritt.

Wenn ich auf das Corona-Jahr 2020 zurückblicke, muss ich sagen: Es war wirklich nicht leicht in meinem Fall – unter anderem deshalb, weil meine Kunden auch aus der Tourismusbranche kamen. Und die stand schließlich still.

Ich bin von Projekt zu Projekt gehüpft, wusste nie, wann das nächste kommen würde. Ich habe intensiv Marketing und Akquise betrieben, von denen ich nicht wusste, ob sie überhaupt etwas bringen oder einfach ins Leere laufen würden, da der Markt nicht viel hergab. Ich habe nicht gewusst, ob ich genug verdienen und wie lange das Geld noch ausreichen würde.

Es war zum Glück ein schöner Frühling im Jahr 2020, auch wenn ich ihn überwiegend zu Hause am Fenster mit einem Buch und einem Kaffee oder Glas Wein verbracht habe. Es war auch ein schöner Sommer, in dem ich Freunde sehen und besuchen und sogar einen kleinen Urlaub in Deutschland machen konnte. Doch die Ängste, wie die Zukunft aussehen würde, hatte ich immer im Gepäck. Immer im Hinterkopf. Immer dabei. Und das zehrte.

Bewerbung. Marketing. Akquise.
Es war ein Teufelskreis: Wer Aufträge haben möchte, muss sich natürlich bewerben und auf sich aufmerksam machen. Bewerbungen, Marketing und Akquise führten 2020 jedoch oft ins Leere. Absagen demotivieren und frustrieren auf Dauer. Eine Zeit lang macht man trotzdem so weiter, weil man weiß, dass es nur so vorangeht. Bewerbung. Marketing. Akquise. Doch mit jeder Absage und fehlenden Möglichkeiten schwindet leider die Motivation, überhaupt noch etwas zu machen.

Ich rotierte zwischen März und November 2020 zwischen bestehenden Kunden, Jobportalen, Textergruppen und Freelance-Netzwerken hin und her. Doch irgendwann kam ich an einen Punkt, an dem ich nicht mehr konnte. War ausgelaugt, müde und der Suche nach mehr Stabilität überdrüssig. Seit einem halben Jahr hatte ich keine Pause gemacht. Immer weiter und immer weiter. Zufriedenstellend war dies nicht. Und innerlich gab ich teilweise schon auf. War resigniert und wollte nicht mehr in dieser Situation sein, in der ich nicht wusste, ab wann meine Existenz auf dem Spiel stehen würde. Oder tat sie das schon?

Ein fester Job: Rückschritt oder Fortschritt?
Ich bin eigentlich ein positiver Mensch, sehe das Glas immer halb voll und denke, dass es eine Lösung für fast alles gibt. Doch der Optimist in mir bekam in dieser Zeit Risse. Ich wollte mich ab einem gewissen Punkt nur noch zu Hause verstecken und die Welt ausschalten. Schlafen, bis alles vorbei ist, und dann hoffentlich an dem Punkt weitermachen, an dem ich vor Corona aufgehört hatte. Doch ich merkte: Je schneller ich begriff, dass das nicht möglich ist, umso besser wäre das für mich.

Es fühlte sich anfangs wie aufgeben an, wenn ich mich für feste Stellen bewarb. Doch unabhängig von der Corona-Krise hatte ich vorher schon überlegt, ob ich eine Stelle als leitende Redakteurin finden und nebenberuflich Texterin sein könnte. Grund dafür war nicht, dass ich keine Lust mehr auf die Selbstständigkeit hatte (denn vor Corona lief ja alles wie am Schnürchen), sondern der Wunsch nach Weiterentwicklung in einem Team. Und doch verging erst einmal viel Zeit, in der ich lernen musste, mit dieser Situation umzugehen. Dass sich mein Leben womöglich wieder grundlegend ändern würde. Doch welche Wahl hatte ich? Mich verstecken und darauf hoffen, dass sich die Lage von allein ändert? Oder das Bestmögliche tun, damit sie sich ändert? Ich war ausgelaugt, aber ich wusste, dass mich nur die zweite Variante weiterbringen würde. Und am Ende musste ich mir immer wieder sagen: Es findet sich immer eine Lösung!

Neue Herausforderung gesucht: Wann es Zeit für etwas Neues wird

Sich selbstständig zu machen, fordert viel ab. Der Lernprozess ist immens – vor allem im ersten Jahr. Nach etwa eineinhalb Jahren akquirieren, auf dem Markt präsentieren, networken und monatlich stetig steigende Aufträge abarbeiten, war meine Welpenphase als

Freelancer vorbei. Ab diesem Punkt erhielt ich Aufträge rein aus Weiterempfehlungen, hatte keinerlei Auftragslücken und vor allem langfristige Kundenbeziehungen. Bis zur Corona-Krise war ich als Freelancer fast durchweg ausgebucht. Die Mühe und das Risiko, sich selbstständig zu machen, hatten sich in meinem Fall definitiv ausgezahlt. Eine Zeit lang habe ich das Hoch meiner Selbstständigkeit einfach genossen, meine Aufträge bearbeitet und war – das darf man ehrlicherweise auch mal zu sich selbst sagen – sehr stolz darauf, dass mein Plan als erfolgreicher Freelancer aufging. Denn Fakt ist, dass ich die Ziele, die ich als Freelancer erreichen wollte, tatsächlich erreicht habe: sich selbstständig und auf dem Markt als Texterin behaupten, ortsunabhängig arbeiten und in die Welt der digitalen Nomaden eintauchen, einen Karriereblog zum Thema Selbstständigkeit schreiben und als Texterin im Bereich Tourismus Fuß fassen. Nach zweieinhalb Jahren konnte ich hinter all diese Punkte einen Haken setzen. Doch da mich, sobald ich eine Stufe erreicht habe, direkt die nächste lockt, überlegte ich ab einem gewissen Punkt: Was kommt nun? Was ist mein nächstes Ziel? Und was ist logischerweise der nächste Schritt?

Die Corona-Krise traf mich wie fast jeden anderen Freiberufler, der nicht gerade Webseiten baute oder über Outdoor-Themen schrieb. Ich hatte viel Zeit, mich den Fragen zu widmen, die ich mir schon vor der Krise stellte. Nämlich wie mein Werdegang als Texterin weitergehen sollte. Tatsächlich war ich nämlich irgendwann an einem Punkt, an dem ich das Gefühl hatte, dass meine Weiterentwicklung stagnierte und meine Selbstständigkeit an einem Höhepunkt, aber dann eben auch an einem Endpunkt war. Also was nun?

Welchen Weg sollte ich gehen?
An Optionen und Ideen mangelte es nicht: Lasse ich mich zum Coach ausbilden? Baue ich mein Ein-Mann-Unternehmen aus und gründe eine Agentur? Mache ich erstmal als Freelancer weiter und schreibe nebenbei ein Buch? Weite ich mein Angebot als Freelancer aus und schreibe auch für Radio und TV? Ich überlegte mal wieder sehr lange und sehr gründlich, was mein nächster Schritt sein sollte. Dies wäre – je nach Entscheidung – schließlich wieder eine große Lebensveränderung, die viel abverlangen würde. Am Ende musste ich mich aber wieder, wie

immer, wenn ich vor großen Entscheidungen stehe, den Basisfragen stellen: Was sind meine Ziele? Was sind meine Prioritäten? Und was will ich eigentlich?

Auch wenn ich lange gebraucht habe, um es zu realisieren und zu akzeptieren, musste ich mir irgendwann eingestehen, dass sich meine Prioritäten und Ziele in drei Jahren geändert hatten. Ich wollte weiterhin kreativ arbeiten, schreiben und mich weiterentwickeln, aber ich wollte auch wieder im Team arbeiten und mich wieder langfristig einem Thema widmen. Meine Wünsche zeigten Richtung Teilzeit-Festanstellung und Sidepreneur-Dasein. Das verwunderte mich zunächst, da es mir wie ein Rückschritt vorkam. Dabei ist – denke ich – ein Schritt zu dem, was man wirklich möchte, immer ein Schritt nach vorne und in die richtige Richtung. Bis mir dieser Satz durch den Kopf schwebte, dauerte es jedoch eine ganze Weile. Das Freelancer-Ego wollte aus Prinzip nicht so ganz von der Selbstständigkeit ablassen, obwohl ich – wenn ich ehrlich zu mir war – mittlerweile in dieser Position einfach nicht mehr das bekam, was ich beruflich haben wollte. Ich habe die Selbstständigkeit nie bereut und ich bin stolz auf das, was ich erreicht habe. Und dass mir diese Leistung und Erfahrung keiner mehr wegnimmt, musste ich für mich selbst mehrmals betonen. Aber eine Stimme in meinem Kopf wurde immer lauter, die sagte, dass es Zeit sei für etwas Neues. Für einen neuen Abschnitt und eine neue Herausforderung.

Coach-Ausbildung, Agenturgründung und Angebotsausweitung klangen vielversprechend und spannend, fesselten mich aber nicht gänzlich. Ich merkte, ich musste das finden, was mich zu 100 % überzeugt und in dem ich aufgehen kann. Nach der Selbstständigkeit schien dies schwierig, aber ich wollte eine nächste große Herausforderung. In welche Richtung diese auch immer gehen würde. Aber ich wusste, irgendwann werde ich es wissen – und werde dann wie immer auf mein Bauchgefühl vertrauen.

Checkliste: Die wichtigsten Tipps & Facts für Nachwuchs-Freiberufler in Kürze

☑ **Vor der Kündigung und Gründung**
Bei der Entscheidung für oder gegen die Selbstständigkeit sind Faktoren zu beachten wie: Zeitpunkt der Gründung, Risiko, Finanzen, Bürokratie und ob die Vorstellungen über die berufliche Zukunft überhaupt durch das freiberufliche Arbeiten erfüllt werden können.

Wer selbstständig erfolgreich sein möchte, braucht ein gutes Zeit- und Projektmanagement, Disziplin sowie Ausdauer. Zudem sollte man überzeugt von seiner Idee, stressresistent, entscheidungsfreudig und nicht zu perfektionistisch sein.

Zu guten Gründen, die für eine Selbstständigkeit sprechen, zählen Chancen zur beruflichen und persönlichen Weiterentwicklung, vielfältige Aufgabenbereiche sowie Flexibilität und Ortsunabhängigkeit.

☑ **Vorbereitung auf die Selbstständigkeit**
Wichtige Aufgaben vor der Gründung umfassen Meldungen bei Arbeits- und Finanzamt, Versicherungen, eventuell Beantragung eines Gründerzuschusses und Coachings sowie die Vorbereitung des eigenen Angebots/Portfolios und der Online-Auftritt.

Ein Coaching mit einem erfahrenen Unternehmensberater kann die Vorbereitungsphase der Selbstständigkeit sowie die Erstellung eines Businessplans enorm erleichtern.

Eine Website sollte dich widerspiegeln – vom Design über die Fotos bis zu den Texten.

Organisation ist alles: Notiere dir alle anstehenden Aufgaben, die bis zur Gründung und auch in den ersten Wochen nach der Gründung auf dich zukommen, inklusive Fristen. Plane anhand dessen, wann du was erledigen musst – und vermeide so Überforderung.

☑ Mittendrin im Freelancer-Leben

Als Freiberufler schaffst du dir deinen eigenen Arbeitsrhythmus. Hier gibt es weder richtig noch falsch – egal, ob du morgens um 5 aufstehst und bis 14 Uhr arbeitest oder lieber eine Nachtschicht einlegst.

Kunden gewinnen kannst du als Freelancer an vielen Orten: auf Messen, Gründerevents, Social Media, Auftragsplattformen oder auch durch Weiterempfehlungen von bestehenden Kunden.

Langfristige Kundenbeziehungen sind besser als das ständige Hüpfen von Kleinprojekt zu Kleinprojekt. Aber beachte dabei stets, dass du nicht „scheinselbstständig" sein darfst und definitiv immer für mehrere Kunden arbeiten musst.

An (Neu-)Kundengespräche solltest du herangehen wie an ein Vorstellungsgespräch: Gut vorbereitet, strukturiert und selbstbewusst – sei dir darüber im Klaren, was du dem Interessenten bieten kannst, und verkaufe dich entsprechend.

Gute Kundenbeziehungen gelingen dir als Freiberufler, indem du transparent und konsistent bist, eine beratende Funktion einnimmst und Verantwortung übernimmst.

Networking auf Gründerevents & Co. kann nicht nur den Kundenstamm vergrößern, sondern auch zur Inspiration, Motivation und eigenen Fortbildung dienen.

Verkaufe dich als Freiberufler nie unter Wert: Vergleiche branchenübliche Stunden- oder auch Tagessätze von Freelancern und sieh dich als der Unternehmer, der du bist. Tu niemandem einen „Gefallen", indem du für ihn arbeitest – du verdienst eine faire Entlohnung für deine Dienstleistung.

Eine wichtige Aufgabe als Freelancer ist das Priorisieren: Du bist dein eigenes kleines Unternehmen und du erfüllst somit viele verschiedene Rollen. Perfektionismus ist hier fehl am Platz – und eine realistische (sprich: nicht zu überladene) To-do-Liste pro Tag ist essenziell, wenn du langfristig durchhalten willst.

☑ Weisheiten aus der Freiberuflichkeit

Als Freiberufler gibt es Fehler, die man vor allem am Anfang häufig macht, aber vermeiden sollte: undurchdachte Aufwandseinschätzungen für Projekte, schlechte und intransparente Kundenkommunikation, überstürzte Entscheidungen, zu hohe Anforderungen an sich selbst, sich unter Wert verkaufen und verpassen, ein finanzielles Polster aufzubauen.

Auch als Selbstständiger sollte man mal Nein sagen: zu Non-Stop-Erreichbarkeit, respektlosen Interessenten, schlechter Bezahlung, zu viel kostenloser Beratung von Kunden und Stillstand in der eigenen Entwicklung.

Den Spruch, dass Selbstständige „selbst" und „ständig" arbeiten, kannst du getrost aus deinem Wortschatz streichen. Du wirst viel arbeiten, ja. Vor allem am Anfang. Aber auch als Freiberufler brauchst du eine gesunde Work-Life-Balance, die du dir von Anfang an schaffen solltest.

Sage der Perfektion Adieu: Was in deiner Welt vielleicht nur 80 % sind, sind für jemand anderen schon 120 %. Liefere immer Qualität ab, aber überarbeite dich nicht durch zu hohe Anforderungen an dich selbst.

Zweifel und schlechte (unmotivierte) Tage gehören dazu, sollten dich aber nicht an deiner Selbstständigkeit im Ganzen zweifeln lassen.

Freiheit und Verantwortung gehen in der Selbstständigkeit Hand in Hand: Übernimmst du Verantwortung für deine Arbeit, funktioniert auch die FREIberuflichkeit.

Als Freiberufler sollte man keine Angst vor dem Scheitern haben – denn das Worst-Case-Szenario muss überhaupt nicht eintreten.

Führe regelmäßig ein Selbstcoaching durch: Gleiche ab, ob dein aktuelles Tun noch mit deinen Prioritäten und Zielen zusammenpasst. Wenn nicht, ändere den Kurs.

Freiberufler haben entgegen der weit verbreiteten Meinung nicht „keine" Sicherheit: Sie müssen sich nur eine eigene Sicherheit schaffen durch Risikoabschätzungen, finanzielle Polster und private Altersvorsorge.

☑ Aus der Welt der Digitalnomaden

Coworking bedeutet „Zusammen arbeiten" und bezieht sich bei Freiberuflern meist auf das gemeinsame Arbeiten in sogenannten Coworking Spaces, die das klassische Büro ersetzen.

Zudem gibt es weltweit Coliving Spaces, in die man sich für einige Zeit einmieten kann, um gemeinsam mit anderen Freiberuflern zu leben.

☑ Gelerntes aus einer Krise

Eine Krise kann (und ich spreche hier lediglich aus meiner individuellen Erfahrung) durchaus auch der Wendepunkt für etwas aufregendes Neues sein. Sofern möglich, blicke immer nach vorne und mach das Beste aus deinen Möglichkeiten.

Sich nach einigen Jahren als Freelancer nach einer neuen beruflichen Herausforderung zu sehnen, ist weder schlimm noch ein Rückschritt. Die Erfahrungen aus der Selbstständigkeit hast du ab jetzt immer im Gepäck – egal, welche Richtung du noch einschlägst.

Februar 2023: Wohin hat mich meine Selbstständigkeit nun geführt?

Es ist Sonntagabend und ich sollte längst schlafen. Und doch sitze ich nun mit meinem Laptop im Bett und tippe den Abschlusstext für mein Buch ab. Überhaupt muss ich mich erst noch an diese Worte gewöhnen: „Mein Buch". Vor einigen Tagen habe ich meinen ersten Verlagsvertrag unterschrieben, doch so richtig realisiert habe ich es noch nicht. Seit Jahren habe ich von dieser Möglichkeit geträumt. Nicht nur, weil das in meinem Job als Texterin und Redakteurin wohl mit eines der größten Ereignisse ist, sondern auch, weil ich nun meiner Selbstständigkeit und den Jahren des freiberuflichen Arbeitens über die persönlichen Erfahrungen hinaus noch mehr Sinn geben kann – wo ich auch schon beim Grund für diese Zeilen wäre.

Wer es bis zum recht offenen Schluss meines Buchs geschafft hat, wird sich vielleicht fragen, wohin mich mein Weg am Ende geführt hat. Habe ich einen neuen eingeschlagen? Bin ich Freiberuflerin geblieben? Die Antwort lautet: Beides! Im März 2021 habe ich mich dazu entschlossen, einen Job als Content Editor im Bereich Karriereberatung anzunehmen. Die Herausforderung, die ich damals suchte, bekam ich dort unter anderem durch die Betreuung von Textern und größere Verantwortung. Meine Freiberuflichkeit habe ich jedoch nicht ganz aufgegeben, da ich immer noch nebenberuflich selbstständig bin und kleine Projekte nebenher annehmen kann. Zudem habe ich in den letzten Jahren dieses Buch fertiggestellt, um meine Erfahrungen aus der Selbstständigkeit auf Papier zu bringen und so weitergeben zu können.

Hat sich meine Selbstständigkeit denn „gelohnt", jetzt, wo ich nun wieder festangestellt bin? Meine Antwort: Auf jeden Fall! Habe ich das Gefühl, meine Selbstständigkeit war „umsonst", weil ich sie zeitlich begrenzt habe? Darauf kann ich nur antworten: Keineswegs! Meine Jahre als Freiberuflerin waren nicht nur eine große Weiterentwicklung auf professioneller Ebene, sondern auch auf persönlicher. Erfahrungen, angeeignete Fähigkeiten und Learnings aus der Selbstständigkeit bleiben bestehen – egal, welche beruflichen Entscheidungen man noch trifft. Vieles von dem, was ich als Selbstständige gelernt habe, setze ich heute in meinem Job ein und es macht ihn sogar leichter. Und im Endeffekt hat mich das freiberufliche Arbeiten auf den Punkt vorbereitet, an dem ich jetzt stehe: Ich kann und darf alles, was ich in meiner Zeit als Freelancer gelernt habe, nun mit diesem Buch weitergeben – und hoffentlich dem ein oder anderen den Einstieg in das Leben als Freiberufler erleichtern.

Was bleibt noch abschließend zu sagen, ohne zu pathetisch zu werden? Es ist okay, seinen Träumen zu folgen (ein bisschen Pathetik muss eben doch sein). Es ist okay, Risiken einzugehen. Und es ist genauso okay, wieder neue Träume zu haben und die Richtung zu ändern. „Umsonst" ist meiner Meinung nach fast nichts – allem voran (berufliche) Erfahrungen, durch die man sich weiterentwickelt. Demnach wünsche ich jedem, der den Schritt in die Selbstständigkeit wagt: Durchhaltevermögen bei kommenden Herausforderungen, Spaß bei neuen Abenteuern, starke Nerven bei kleinen Hürden sowie Mut und das richtige Mindset, um immer wieder den (für sich) richtigen Weg einschlagen zu können. Und vielleicht hat mein Buch ja genau dabei schon ein wenig geholfen. Viel Erfolg!

Tatjana

GPSR Compliance

The European Union's (EU) General Product Safety Regulation (GPSR) is a set of rules that requires consumer products to be safe and our obligations to ensure this.

If you have any concerns about our products, you can contact us on

ProductSafety@springernature.com

In case Publisher is established outside the EU, the EU authorized representative is:

Springer Nature Customer Service Center GmbH
Europaplatz 3
69115 Heidelberg, Germany

www.ingramcontent.com/pod-product-compliance
Lightning Source LLC
LaVergne TN
LVHW020348260326
834688LV00045B/1609